LIDERE
COM
gratidão

Adrian Gostick • Chester Elton

Oito práticas de liderança para obter resultados extraordinários

Tradução
Maria Silvia Mourão Netto

Benvirá

Copyright © 2020 by Adrian Gostick and Chester Elton
Todos os direitos reservados
Título original: *Leading With Gratitude*

Direção executiva Flávia Alves Bravin
Direção editorial Renata Pascual Müller
Gerência editorial Rita de Cássia S. Puoço
Edição Tatiana Vieira Allegro
Produção Luciana Cordeiro Shirakawa, Rosana Peroni Fazolari
Preparação Alyne Azuma
Revisão Vivian Miwa Matsushita
Diagramação Edson Colobone
Capa Tiago Dela Rosa
Impressão e acabamento Gráfica Paym

Dados Internacionais de Catalogação na Publicação (CIP)
Angélica Ilacqua CRB-8/7057

Gostick, Adrian
  Lidere com gratidão : oito práticas de liderança para obter resultados extraordinários / Adrian Gostick e Chester Elton ; tradução de Maria Silvia Mourão Netto. – São Paulo: Benvirá, 2020.
  224 p.

Bibliografia
ISBN 978-65-5810-018-8
Título original: Leading with gratitude

1. Liderança. 2. Gestão. 3. Ambiente de trabalho. I. Título. II. Elton, Chester. III. Netto, Maria Silvia Mourão.

20-0448

CDD 658.3
CDU 658.338.3

Índice para catálogo sistemático:
1. Liderança

1ª edição, novembro de 2020 | 2ª tiragem, junho de 2022

Nenhuma parte desta publicação poderá ser reproduzida por qualquer meio ou forma sem a prévia autorização da Saraiva Educação. A violação dos direitos autorais é crime estabelecido na Lei n. 9.610/98 e punido pelo art. 184 do Código Penal.

Todos os direitos reservados à Benvirá, um selo da Saraiva Educação.
Av. Paulista, 901, 4º andar
Bela Vista - São Paulo - SP - CEP: 01311-100

SAC: sac.sets@somoseducacao.com.br

CÓDIGO DA OBRA 704109   CL 670965   CAE 736162

Para Marshall Goldsmith,
que tornou este livro possível.

Sumário

Prefácio de Marshall Goldsmith 9

1 | O déficit de gratidão 13

PARTE I: OS MITOS DA INGRATIDÃO (QUE ESTÃO PREJUDICANDO OS LÍDERES)

2 | Mito: O medo é o melhor motivador 33

3 | Mito: As pessoas querem elogios demais hoje em dia 45

4 | Mito: Simplesmente não há tempo 57

5 | Mito: Não é da minha natureza sentir gratidão 65

6 | Mito: Reservo meus elogios para quem merece 73

7 | Mito: É tudo uma questão de dinheiro 79

8 | Mito: Todos vão achar que sou uma pessoa falsa 85

PARTE II: AS OITO MAIS PODEROSAS PRÁTICAS DE GRATIDÃO

Enxergar

9 | Peça contribuições e aja com base nelas 95

10 | Assuma uma intenção positiva 105

11 | Ponha-se no lugar deles 115

12 | Busque as pequenas vitórias 127

Expressar

13 | Ofereça agora, ofereça sempre, não tenha medo 143

14 | Sob medida para cada indivíduo 153

15 | Reforce os valores essenciais 169

16 | Pratique entre os colegas 183

PARTE III: UMA VIDA DE GRATIDÃO

17 | Levando para casa 195

Conclusão: Um passo gigante para a humanidade 209

Somos gratos 212

Notas 214

Prefácio

Já voei mais de 16 milhões de quilômetros somente com a American Airlines, sem contar o 1,6 milhão de quilômetros com a British Airways. O avião é um lugar fascinante para observar como as pessoas se agitam por causa de fatores nos quais não podem interferir. Um elemento que faz muitos passageiros perderem o controle é o aviso de que o voo vai atrasar.

Toda vez que ouço esse aviso específico, me lembro de uma foto que tenho na minha biblioteca: nela, estou numa missão voluntária da Cruz Vermelha na África, quando eu tinha 30 anos. Estão comigo muitas crianças famintas, cujos braços estavam sendo medidos. Se os braços eram grandes demais, elas não comiam. Se eram pequenos demais, elas não comiam. Os braços tinham de ter o tamanho certo, o que significava que não estavam famintas demais para sobreviver nem bem alimentadas demais, a ponto de não precisarem de comida. O tamanho dos braços definia se iriam comer naquele dia.

Jamais esquecerei aquela experiência. Todo dia me lembro da sorte que tenho. Quando me sinto "legitimamente" aborrecido, eu me lembro daquelas crianças maravilhosas. Na minha cabeça fico repetindo este mantra sem cessar: "Nunca reclame porque o voo atrasou. Tem gente no mundo com problemas de verdade. Elas sofrem com problemas que você nem consegue imaginar. Seja grato. Você é um homem de sorte. Nunca reclame porque o voo atrasou".

Espero que, algum dia, esta história ajude você a transformar um momento de dor e raiva num momento de gratidão e alegria.

Muitas pessoas sofrem de falta de gratidão. E todo mundo que já conheci – seja um zelador ou um bilionário – quer ser feliz. Não importa quem você é: é fácil buscar a felicidade no lugar errado. A grande doença ocidental é "vou ser feliz quando...": quando tiver tal quantia de dinheiro, quando ganhar um prêmio, quando concluir um trabalho.

O que todos podemos aprender é como a gratidão é vital para nossa felicidade. As pessoas mais sábias e felizes que conheci, como Thich Nhat Hanh, o Dalai Lama, entre outras, falam da gratidão profunda e a praticam. O que notei ao conversar com elas é a liberdade com que a expressam. Quando você se permite sentir-se profundamente grato, você faz algo ousado. Seja feliz agora. Não depois.

Como você vai ler neste incrível novo livro de Adrian Gostick e Chester Elton, a gratidão é um estado mental que você pode (a) facilmente decidir sentir; (b) causa o efeito imediato de melhorar seu bem-estar e (c) terá um impacto memorável em sua capacidade de liderar pessoas. O desafio é ter isso em mente!

É importante criar gatilhos no seu trabalho e na sua vida pessoal para se lembrar de manter o foco na gratidão. É isso que meus amigos Adrian e Chester apresentam neste livro. Suas lições são divertidas de ler, vão direto ao ponto e são relevantes para que todo gestor, todo pai e toda mãe, todo coach, cônjuge ou sócio seja capaz de colocar a gratidão em ação no trabalho e na vida pessoal.

O segredo para uma vida feliz não é o que as pessoas pensam. Não é a riqueza, a fama, as conquistas, nem mesmo os relacionamentos. É deixar a gratidão ocupar o centro de tudo o que você faz.

A vida é boa.

MARSHALL GOLDSMITH
Rancho Santa Fe

1

O déficit de gratidão

Em 2008, em plena crise financeira global, Garry Ridge, o principal executivo da WD-40 Company, estava começando a se preocupar que talvez estivesse com alguma doença séria: "Quando eu visitava diversos escritórios da empresa, as pessoas ficavam me perguntando 'Garry, como você está?'. O tempo todo. Certa noite, eu estava deitado no meu quarto no hotel e pensei que podia haver algum boato de que eu não estivesse bem".

Então ocorreu ao executivo australiano um insight que esclareceu aquilo tudo: "De repente, eu entendi. Eles não estavam perguntando como eu estava; estavam perguntando como *nós* estávamos. Queriam que eu confirmasse que nossa empresa estava bem".

Assim como na maioria dos locais de trabalho naquele tempo, o medo estava começando a consumir os funcionários. Como o próprio Ridge nos contou: "Decidi que não íamos desperdiçar uma boa crise. Todo lugar aonde nossos funcionários iam, ouviam como estava tudo horrível. Mas, quando viessem ao trabalho, iam ouvir falar de esperança".

Essa seria uma tarefa difícil diante da situação econômica, mas Ridge amenizou as dificuldades comunicando-se diariamente com seu pessoal. Ele implantou a política de "Sem mentiras, sem fingimentos, sem conversas escondidas". E disse que aquela companhia não ia demitir ninguém nem cortar nenhum benefício, e que, inclusive, ia aumentar o investimento em cursos e no desenvolvimento dos funcionários durante aquela maré baixa.

Além disso, Ridge orientou os gestores a liderar com gratidão, demonstrando para eles os benefícios de expressar com regularidade e com sinceridade seu apreço pela "tribo".

Assim que Ridge divulgou que liderar com gratidão era algo que ele valorizava e esperava, seus líderes se esforçaram para não deixar de demonstrar reconhecimento e apreço aos funcionários por colocarem em prática esses valores essenciais. Um gestor poderia agradecer Mark publicamente por "assumir a responsabilidade" de ajudar um cliente a entender os diversos usos de um produto novo. Outro poderia elogiar Lisa por auxiliar um colega da equipe a encarar um desafio, colocando em prática o valor de "ter sucesso como tribo". Os gestores começaram a pensar em formas criativas de ajudar os funcionários a entender de que maneira estavam contribuindo. O líder da cadeia de abastecimento organizou uma apresentação que destacava os modos fundamentais como seu pessoal estava ajudando a "manter a economia da empresa", que era outro valor. Os líderes eram instruídos a não somente prestar atenção aos desempenhos que superavam as expectativas, mas também a procurar as contribuições mais fundamentais.

Resultado: em 2010, a companhia registrou seu melhor índice financeiro em seus 57 anos de existência. E o sucesso continuou. Ao longo da década seguinte, o valor de mercado da empresa aumentou quase 300%, além da taxa de crescimento anual composta do retorno aos acionistas no montante de 15% (esse percentual equivale a milhões a menos de dobradiças de portas rangendo e a um número igual de adolescentes felizes porque conseguem voltar para casa tarde da noite sem que ninguém ouça!). O envolvimento dos funcionários também se mostrou fora da curva, com 99% dos membros da tribo declarando que adoram trabalhar ali.

Todos esses elementos colocam a WD-40 no grupo de elite das organizações empresariais.

Segundo Ridge, "a gratidão gera uma sensação de pertencimento. Você e eu já saímos de uma organização, ou até de um relacionamento, por sentir que não pertencíamos àquela situação. Se o nosso pessoal sabe que somos gratos, vamos criar uma organização para a qual realmente queiram vir e dar o seu melhor".

***

O que os líderes dessa companhia descobriram foi que manifestar gratidão pelo esforço da equipe – quando esse reconhecimento é autêntico, específico e vem na hora certa – pode ser um tremendo incentivo à produtividade e um forte fator motivacional, principalmente em períodos difíceis. No entanto, embora praticar a gratidão seja fácil, esse sentimento é uma das ferramentas de gestão mais mal compreendidas e mal aplicadas, o que é uma pena, porque a gratidão também é uma das habilidades mais importantes para os gestores dominarem se quiserem aperfeiçoar o desempenho de sua equipe e desenvolver sua credibilidade como líderes.

Já faz algumas décadas que nos dedicamos a ensinar executivos do mundo todo a ser mais eficientes, e ajudá-los a aprender a arte da gratidão tem sido um elemento central nesse processo. Em geral, não somos convidados a trabalhar com chefes que, digamos, têm certa deficiência em termos de sociabilidade. Não. Quase todos que nos chamam são atenciosos e estão tentando ser bons líderes. Em nossas pesquisas, também observamos milhares de gestores em ação e depois conversamos com eles sobre suas ideias de liderança e suas tentativas de conduzir e motivar seu pessoal. Encontramos poucos chefes que propositalmente intimidam suas equipes ou são negligentes em relação a elas. A maioria também sabe que demonstrar gratidão para seus comandados é um dos ingredientes mais importantes e essenciais da boa gestão. No entanto, muitas vezes, quando conversamos com as equipes, ouvimos os funcionários dizendo que não se sentem valorizados. Alguns inclusive afirmam que se sentem sob ataque. O que acontece?

Tanto nossos estudos como os de outros pesquisadores revelam que há um assombroso déficit de gratidão nos ambientes de trabalho. Um estudo recente constatou que "as pessoas são menos propensas a expressar gratidão no trabalho do que em qualquer outro lugar"[1]. Enquanto isso, 81% dos adultos que trabalham dizem que atuariam com mais empenho se o chefe fosse mais grato por seu trabalho[2], e 96% de homens e 94% de mulheres reconhecem que um chefe que demonstra gratidão tem mais chance de ser bem-sucedido[3].

Por que essa distância tão grande entre saber que a gratidão funciona e a incapacidade de tantos líderes de praticá-la de fato... ou não o fazerem tão bem?

Chamamos isso de "déficit de gratidão" e decidimos entender a fundo o que está por trás dessa situação. Depois de tudo o que já foi escrito sobre a importância de demonstrar apreço pelos funcionários ao longo do tempo, queríamos saber por que ainda são tão poucos os líderes que se mostram gratos de maneira consistente.

Isso acontece até mesmo com os melhores profissionais em seus respectivos campos de atuação, aos quais, seria de se pensar, todos fariam um esforço ainda maior para demonstrar gratidão. Mas veja o caso que descrevemos a seguir, que pode ser o exemplo mais ostensivo de não demonstrar gratidão em toda a história da gestão organizacional.

Um mergulho estrondoso na ingratidão

Em 1988, Jerry Krause, na época diretor-geral do Chicago Bulls, da Associação Norte-Americana de Basquete (NBA), pronunciou aquela que se tornou a citação mais famosa da história dos esportes: "Não são os jogadores nem os treinadores que ganham campeonatos. São as organizações"[4]. Bem, para sermos justos, Krause tinha motivos de sobra para se gabar tanto. Sua *organização* tinha acabado de abocanhar o sexto título da NBA em oito anos. Quanto a Krause, ele foi considerado o arquiteto dessa dinastia, mas quem dominava as quadras toda noite em nome de sua organização era aquele que se pode legitimamente considerar o melhor jogador de todos os tempos: Michael Jordan. Ao seu lado estava talvez o segundo melhor jogador da década de 1990 – Scottie Pippen –, que dava o sangue todas as noites à sombra de "His Airness"*. Sem falar do genial treinador que foi Phil Jackson.

Em resposta à declaração de Krause, Jordan observou: "Mas do que Jerry está falando? Ele não fica suando a camisa na quadra como eu... Não vi 'organizações' jogando com gripe em Utah", referindo-se à sua atuação no jogo 5 das finais do ano anterior da NBA, quando, apesar dos fortes sintomas de gripe, ele fez 38 pontos contra o [Utah] Jazz.

Jordan se aposentou naquele ano, enquanto Jackson partiu em busca de novas oportunidades. Mas mais de duas décadas depois, o Chicago Bulls ainda não venceu outro campeonato da NBA.

Contamos essa história não só por ser um mergulho estrondoso na ingratidão, mas porque destaca algo que pode parecer um tanto brutal: a falta de gratidão é uma forma de estupidez que deixa de lado uma ferramenta imensamente poderosa não só para inspirar as pessoas a concretizar todo o seu potencial, mas até para entender melhor a verdadeira natureza de suas contribuições.

Segundo Henry Timms, presidente e CEO do Lincoln Center, sede da Metropolitan Opera, da Filarmônica de Nova York e do Balé da Cidade de Nova York, "os líderes que tratam o papel que desempenham como uma transação são fáceis de identificar. Todos conhecemos líderes que não valorizam de fato suas equipes. É grande o contraste com as que valorizam".

Timms afirma que precisamos de uma mudança social de mentalidade sobre a gratidão: "Muita gente pensa em termos de uma 'dívida de gratidão', de valorizar alguém que realizou uma boa coisa. Precisa-

---

* Apelido dado a Michael Jordan. [N. E.]

mos mudar essa dinâmica e entender que a gratidão de fato inspira as pessoas a agir, em vez de ser uma reação a suas ações".

No entanto, a gratidão não é apenas uma questão de encharcar os colaboradores com uma chuva de "obrigado" e "vocês são ótimos". Nada disso. A gratidão não é um item de rotina na lista de afazeres nem algo a ser festejado pela equipe com um cumprimento de mãos. Para que funcione mesmo é preciso que a demonstração de gratidão seja genuína e específica. Liderar dessa maneira não é uma questão de dar o devido crédito a quem merece, mas de efetivamente *saber* onde é devido.

Para desenvolver a gratidão genuína é preciso observar com cuidado o que os funcionários estão fazendo, colocar-se no lugar deles, cultivar um teor maior de empatia e tentar de verdade entender os desafios que enfrentam. É uma questão de enxergar as coisas boas que estão acontecendo e então manifestar sinceramente seu apreço pelas condutas adequadas. Do outro lado, o gestor a quem falta gratidão padece, principalmente e antes de tudo, de um problema de cognição – uma incapacidade de perceber o empenho com que seu pessoal está tentando fazer um bom trabalho, de identificar se estão tendo problemas e quais são. Esses líderes ingratos sofrem de déficit de informação. Quando lhes perguntamos por que não obtêm resultados melhores, eles em geral têm dificuldade para dar uma resposta.

Os benefícios de entender o que é a gratidão se revelam não só em melhores desempenhos e num moral mais elevado, mas também em ter uma melhor compreensão da sua equipe, de como essas pessoas contribuem e, falando com franqueza, o que mais elas têm a oferecer. Os líderes que se libertaram de seus hábitos de ingratidão construíram culturas tremendamente produtivas e positivas para suas equipes ao ir ativamente em busca daquilo que estão conquistando e que promova mais ainda os valores e as metas da organização. Eles também identificam obstáculos que atrapalham a performance e são capazes de reforçar as condutas adequadas e aperfeiçoá-las, colocando-as numa direção positiva.

Por que alguns dizem "Não, obrigado" à gratidão

Não podemos subestimar o poder da gratidão de reforçar o moral. Um estudo com 200 mil pessoas feito para nós por um parceiro de pesquisa descobriu que gestores mais gratos lideram equipes com métricas em geral mais elevadas[5], inclusive até duas vezes mais altas em termos de lucratividade, em comparação com seus colegas, além de, em média, 20% a mais em termos de satisfação do consumidor e índices significativamente maiores de envolvimento do funcionário, incluindo parâmetros como confiança e confiabilidade. Também constatamos que, quando a gratidão é regulamente demonstrada aos funcionários, eles têm uma relação mais positiva a respeito de suas contribuições às tarefas do trabalho e se sentem menos estressados, além de demonstrarem uma melhor sensação de bem-estar geral. Você não se sentiria assim também? Além disso, receber uma mostra de gratidão pode tornar as pessoas mais conscientes dos colegas e mais solidárias com eles, passando a praticar um apreço recíproco pelo bom trabalho que seus gestores estão fazendo e os desafios que estão enfrentando.

Tivemos um encontro de algumas horas com Alan Mulally, o homem que salvou a Ford. O CEO aposentado disse que liderança "é uma questão das pessoas. Ou você entende isso num nível realmente fundamental, ou não. E, se entende, então você aumenta seu amor por elas. Você lhes diz tudo o que está se passando. Esse é o bom e velho tipo de respeito que permite criar um ambiente em que as pessoas sabem qual é o plano, em que pé estão as coisas, que áreas pedem uma atenção especial. É tudo uma questão de demonstrar apreço por elas, respeitá-las e lhes agradecer a cada etapa do caminho".

Poucos dias antes de se aposentar como presidente e CEO da American Express, Ken Chenault nos concedeu uma entrevista. Durante os 17 anos em que ocupou o cargo mais elevado da empresa, ele criou uma cultura centrada no envolvimento dos funcionários e em demonstrar apreço pelo trabalho bem-feito, e os resultados alcançados por acionistas, clientes e funcionários falam por si mesmos. Ken se explicou nos seguintes termos: "Acho que uma das coisas que causam confusão é que as pessoas entendem a gratidão simplesmente como ter uma atitude educada. Essa postura de 'quero ser muito avarento com a gratidão' é confundida com 'não estou sendo exigente'. Na realidade, é o contrário. Você pode ser muito exigente, demonstrar gratidão com frequência e ser autêntico".

Outro problema urgente para a maioria das empresas com que trabalhamos é a retenção. Estima-se que cerca de 11 bilhões de dólares são perdidos anualmente nos Estados Unidos devido a uma rotatividade mais alta do que o necessário[6]. Por que os funcionários vão embora? Segundo dados do Ministério do Trabalho norte-americano, a principal razão dada pelas pessoas em entrevistas terceirizadas sobre sair do emprego (entrevistas não realizadas pela própria companhia) é "não se sentirem valorizadas" pelo gestor por suas contribuições específicas[7]. Assim, não causa espanto quando nossas pesquisas constatam que demonstrar gratidão genuína e com frequência no ambiente de trabalho tem sido correlacionado a até 50% menos rotatividade de funcionários.

Um líder que entende isso é Jonathan Klein, presidente da Getty Images. Ele se preocupa muito em garantir que sua equipe de fotógrafos se sinta valorizada, já que muitas vezes precisam arriscar a própria vida, um braço ou uma perna para mostrar ao público o que está acontecendo ao redor do mundo. "Fiz um esforço especial para conhecer esses heróis anônimos e agradecer-lhes. É uma guerra acirrada pelo talento, e contar com as pessoas certas é a chave do sucesso", ele nos disse. "Demonstrar gratidão ajuda imensamente as pessoas certas a continuar na sua empresa, e o apreço favorece um maior comprometimento."

Em síntese, são muito poucos os líderes de alto desempenho que estudamos – os que mantêm resultados extraordinários ano após ano – cujos times não revelam índices mais altos do que a média em termos de reconhecimento/apreço/gratidão. Ser valorizado desse modo é especialmente importante quando se trata de engajar funcionários da geração Z e os millennials, muitos dos quais estão mais acostumados a receber recompensas extrínsecas do que as gerações anteriores. Inclusive, nossa Avaliação de Fatores Motivacionais, elaborada por uma equipe de psicólogos e atualmente adotada por mais de 75 mil pessoas, tem mostrado que o desejo por demonstrações de gratidão no trabalho é três vezes maior entre pessoas na casa dos 20 anos do que para os da faixa de 60.

E, se os resultados de desempenho não são convincentes o bastante, há pesquisas mostrando que expressar gratidão também melhora nossa saúde física e psíquica. Alguns cientistas descobriram que sentir grato é uma defesa contra a depressão, aumenta a satisfação com a vida em geral e até melhora a qualidade do sono. Esses tipos de resultados são o motivo de a gratidão ter se tornado tão importante para o movimento da psicologia positiva. Veja um estudo realizado pelos professores da Universidade Estadual Kent, em que pediram aos participantes para escrever e enviar uma carta para alguém por quem sentissem gratidão[8]. Logo depois, os níveis de felicidade e satisfação com a vida aumentaram fortemente, e seu efeito residual durou semanas. Na busca da felicidade, tem-se verificado que a gratidão exerce um impacto direto e duradouro sobre quem a demonstra. Portanto, quanto mais gratidão sentimos e quanto mais a oferecemos aos outros, mais satisfeitos vamos nos sentir com a nossa vida de modo geral. Nada mal.

Segundo Eric Schurenberg, CEO da Mansueto Ventures que publica as revistas *Fast Company* e *Inc.*, "a melhor maneira de se sentir é fazer alguém se sentir bem". Isso nos leva de volta à pergunta principal: o que impede tantas pessoas, chefes principalmente, de fazer justamente isto: expressar gratidão no trabalho?

O viés da negatividade

Schurenberg acrescenta que, "sobretudo quando se é gestor há pouco tempo, você se sente inseguro quanto a compartilhar os créditos, achando que assim sua parcela nele será menor. Superar essa insegurança, a síndrome do impostor, é fundamental para o líder".

Dorie Clark nos disse que uma mistura de excesso de ocupação e descuido explica a ingratidão. Ela ministra o curso de administração na Universidade Duke e é uma autora consagrada de obras sobre liderança. Segundo Clark, "algumas pessoas hesitam porque demonstrar gratidão significa que elas precisam admitir que recebem ajuda, e isso acaba com o mito da pessoa que conquistou tudo sozinha. Pode representar um abalo existencial para aqueles que têm necessidade de controlar e dominar serem forçados a admitir que precisam de apoio".

Hubert Joly, que conduziu a Best Buy por um processo notável de transformação nos cargos de presidente e CEO, nos contou que, "para qualquer líder, o perigo é a sedução do poder, da fama, da glória ou do dinheiro. Uma mania de muitas pessoas bem-sucedidas é que elas gostam de se mostrar como as mais espertas de todas. Não perdem tempo em usar toda a ajuda que conseguem e não dão o devido crédito aos outros".

Outra parte da explicação para a ingratidão está na própria natureza humana. Algumas pesquisas em psicologia revelaram que temos uma tendência natural de dar mais atenção a problemas e ao que percebemos como ameaça do que às coisas positivas que acontecem à nossa volta (razão pela qual provavelmente todos nós já desperdiçamos um dia inteiro na Disneylândia nos perguntando se trancamos mesmo o carro!). Isso é chamado de viés da negatividade[9]. Nos primórdios da vida humana, quando nossa natureza estava se desenvolvendo, as pessoas precisavam manter uma vigilância incessante para perceber uma infinidade de perigos. Se perdêssemos alguma notícia boa (por exemplo, "Grok quer que a gente vá conhecer a roda que ele inventou"), bom, era um inconveniente, mas se perdêssemos uma notícia *ruim* ("Grok avisa grande pedra de fogo no céu cai aqui!"), isso poderia significar o fim da vida. Dessa forma, nosso cérebro evoluiu para rastrear problemas, o tempo todo. Nosso local de trabalho hoje pode não ser mais área de caça de tigres-dentes-de-sabre e de hienas do tamanho de um urso-polar (que, de verdade, pesquisas recentes demonstraram serem predadoras de nossos ancestrais remotos), mas tais ambientes de fato apresentam muitos perigos próprios. Em todas as organizações que visitamos, há inúmeras fontes de estresse: a concorrência está em nosso encalço, as margens são estreitas, novos produtos estão prestes a serem lançados (com atraso!), os legisladores não dão trégua, o CEO é novato etc.

Como os gestores podem se dar ao luxo de não passar mais tempo em guarda para detectar e resolver problemas e, em vez disso, começar a buscar oportunidades para serem gratos? É uma questão de sobrevivência.

Sim, de fato, mas essa não é uma questão de soma zero. Observar atentamente a vegetação, se for o caso, em busca de problemas predatórios em potencial e então dedicar um tempo considerável a preveni-los e/ou solucioná-los não impede de jeito nenhum o líder de dar atenção suficiente às contribuições dos membros da equipe. Pelo contrário. Em tempos de desafios, manter o pessoal motivado e otimista é mais essencial do que nunca.

Ao não expressarmos nossa gratidão nos tempos difíceis, acabamos dando um tiro no próprio pé, como disse Mark Tercek, presidente e CEO do The Nature Conservancy. Tercek conhece bem ambientes altamente estressantes, tendo passado 24 anos como sócio e diretor-geral do grupo de gestão de investimentos Goldman Sachs antes de assumir o comando de sua ONG. Ele nos contou que até os líderes bem-intencionados podem se tornar mais voltados para o próprio umbigo quando as coisas se tornam desafiadoras.

"Em momentos de estresse, às vezes não tenho consciência de todas as incontáveis pessoas que estão me ajudando. Quer dizer, basicamente, estou sendo um imbecil", ele confessou. "Precisamos nos livrar de nossa atenção autocentrada. Quando tenho uma percepção mais ampla e atenta, mais consciente, mais grata, nossas equipes ficam mais felizes, e todos se tornam mais participativos, focados e produtivos. Isso também funciona como nossos filhos e cônjuges: todos ficam mais felizes em casa. É só ter a disciplina de desacelerar, de estar mais presente e consciente dos outros, mais grato."

Alguns líderes acreditam que, às vezes, é necessário ocultar os sentimentos positivos para manter a pressão nos membros da equipe. A mentalidade é: "Se os deixarmos tensos, eles vão se esforçar mais". Mas isso é tão válido quanto um cupom de locação gratuita na Blockbuster. Essa espécie de pressão aumenta a ansiedade, e a ansiedade compromete a produtividade. Em comparação, uma pesquisa de Robert Emmons, da Universidade da Califórnia em Davis, mostra que um líder que é mais grato em meio a circunstâncias difíceis pode ajudar as pessoas a enfrentar a situação[10]. Ele explica o processo assim: "Diante da desmoralização, a gratidão tem o poder de energizar. Diante do esfacelamento, a gratidão tem o poder de curar. Diante do desespero, a gratidão tem o poder de trazer esperança".

A grande ironia do viés da negatividade é nos fazer perder de vista outro aspecto profundamente entranhado na natureza humana: a ética da reciprocidade. Enquanto os cientistas estão apenas começando a identificar a natureza biológica exata da gratidão, há mais de 200 anos o economista e filósofo Adam Smith formulou a hipótese de que a gratidão evoluiu na raça humana à medida que fomos nos reunindo em comunidades[11]. Ele disse que a sociedade só funciona se retribuirmos a ajuda que recebemos dos que estão à nossa volta. Se não retribuímos essa ajuda com demonstrações de apreço, acabamos despertando um intenso ressentimento. Na esfera social, seríamos excluídos do grupo. No trabalho, não podemos afugentar o chefe, mas com certeza podemos nos ressentir dele. Numa pesquisa feita na Universidade Estadual da Flórida, um dos motivos principais que os funcionários citaram para se ressentir dos gestores foi "não nos darem crédito quando deveriam fazer isso"[12].

***

A realidade é que nenhuma adversidade deveria impedir o líder de enxergar o valor que está sendo criado e de expressar gratidão por isso.

Embora muita gente pense que o momento de expressar seus agradecimentos é quando todos os problemas foram resolvidos, os líderes progressistas sabem que não é bem assim. Inclusive, testemunhamos em primeira mão que até mesmo em meio às circunstâncias mais adversas, a vida das pessoas é imensamente enriquecida quando elas são gratas. Vamos falar de um caso especial que ilustra esse ponto.

Ficamos profundamente comovidos com uma conversa que tivemos com Rebecca Douglas, fundadora de uma entidade beneficente chamada Rising Star Outreach. O objetivo dessa fundação é ajudar mil colônias de leprosos na Índia a prosperar e se tornar autossuficientes. A Rising Star atende as pessoas mais pobres do planeta, os chamados intocáveis.

Douglas conheceu dois irmãos, David e Daniel, na Índia há cerca de dez anos. Depois de Daniel ter sido diagnosticado com lepra e recebido tratamento, os meninos magricelas fugiram da colônia de leprosos onde viviam levando apenas a roupa do corpo, em busca de uma alternativa a uma vida de miséria e penúria inimagináveis. Uma jovem mãe do Arizona, Lynn Allred, viu uma foto desses dois numa palestra ministrada por Douglas e quis ajudar. Allred começou a trabalhar incansavelmente e, durante dois anos, tentou encontrar um meio de trazer David e Daniel aos Estados Unidos para que estudassem. Ela finalmente encontrou uma escola particular que se dispôs a aceitá-los, embora estivessem muitos anos atrasados e não falassem inglês.

Rebecca Douglas foi à Índia para informar os meninos da incrível oportunidade que lhes estava sendo oferecida. Ela entrevistou os irmãos para saber quais eram suas ideias para a redação de admissão na escola. Depois de responderem a todas as questões, ela perguntou se havia mais alguma coisa que os meninos gostariam de dizer. Daniel fez uma pausa breve e respondeu: "Por favor, acrescente que, de todos os meninos do mundo, eu sou o mais abençoado".

Ela nos contou: "Aquele menino desnutrido, que tinha só a roupa do corpo e sofria de uma das doenças mais apavorantes do mundo; que tinha sido obrigado a trabalhar sob um sol escaldante como mão de obra gratuita, em vez de ir à escola; que tinha suportado todas as espécies de privação indizíveis, ainda tinha o coração repleto de gratidão".

Douglas diz que, desde então, sempre que sente vontade de se lamentar por causa dos desafios que a possam estar sobrecarregando, ela se lembra daquele menino cheio de gratidão que lhe ensinou a agradecer em todas as circunstâncias.

Como se viu depois, David e Daniel tiveram mais motivos para serem gratos. Contra todas as expectativas, eles foram patrocinados pelo casal Allred e vieram para os Estados Unidos estudar. Hoje, David é aluno de MBA, e Daniel retornou à Índia – com um cobiçado diploma universitário americano – para ajudar seu povo.

Douglas se despediu de nós com estas sábias palavras: "Gratidão atrai mais gratidão. Não tem nada a ver com as circunstâncias, e tudo a ver com o seu coração".

Céticos e crentes

Sabemos que não falta cinismo quanto aos benefícios da gratidão no mundo dos negócios, e uma parte dele pode até se originar da realidade. Os céticos costumam lembrar de algum momento da infância – depois de um aniversário, por exemplo – quando a mãe e o pai os obrigaram a sentar e escrever bilhetes de agradecimento para a avó e a tia Gertie, sob pena de ficarem de castigo. Ou pode ser que, no trabalho, o departamento de RH instituiu um programa para os funcionários demonstrarem mais apreço pelos colegas, mas, numa cultura de pouca confiança, ele foi posto em prática com desmazelo e comentários azedos dos céticos. Enquanto para algumas pessoas os esforços para encorajar a gratidão seriam um convite para agir, para outras, a forma prescrita e formalizada ficava presa na garganta.

Chad Pennington, ex-jogador da NFL e empresário, nos disse que surge um certo ceticismo quando os funcionários veem seus líderes usando a gratidão "de um ponto de vista interesseiro. A reação deles é: 'Se eu demonstrar gratidão a você, vou esperar a contrapartida'. Esses líderes estão indo pelo caminho errado".

Pennington conta que a gratidão é de fato a forma mais elevada de liderança servidora: "As pessoas que têm humildade não fazem mau juízo de si mesmas; elas apenas pensam menos em si mesmas. É um verdadeiro sinal de força suprimir seu orgulho e seu ego – que todos temos –, e pôr outra pessoa em primeiro lugar".

Assim, sejam quais forem suas experiências passadas, nossa ideia é convencer você de que a gratidão não é boa somente para sua equipe e seu negócio, ela é boa para você também. E vamos ensinar a superar quaisquer reservas que você possa estar cultivando e então adotar a gratidão de modo eficiente.

Os líderes que entrevistamos sem dúvida acreditam nisso. São mulheres e homens tremendamente ocupados, muitos deles no comando de empresas bilionárias. Como diz o neurótico George Costanza na série *Seinfeld*, "esse pessoal tem emprego, Jerry! Eles usam terno e gravata. São casados, têm secretária". Mesmo assim, eles encontram tempo para falar de como a gratidão os ajuda a transformar seus negócios e sua vida. Por unanimidade, quiseram que contássemos a outros líderes (ou seja, você) como é essencial ser grato a quem está aos nossos cuidados.

Gail Miller é uma das melhores. Há dez anos – depois que Larry, seu marido, faleceu –, ela assumiu o controle total e o posto de presidente de um império multibilionário que inclui 60 concessionárias de veículos, uma cadeia de cinemas, companhias de seguro e financeiras e o time de basquete Utah Jazz. Ela se questionou se de fato queria assumir tal papel, mas, com 10 mil empregos em jogo, percebeu que não tinha muita escolha.

"Fui mãe e dona de casa a maior parte da minha vida de casada", ela nos contou. "Quando Larry estava construindo a empresa, tive medo de ficar para trás. Não tinha uma formação acadêmica. Cuidava dos filhos o tempo todo. Eu ficava deslocada quando o acompanhava a eventos de negócios nos quais ele se encontrava com pessoas de alto perfil profissional. Tive de achar um jeito de me desenvolver."

Miller consultou um orientador profissional que lhe ensinou a avaliar o ponto de vista único que ela representava. Ela se deu conta de que tinha uma voz e que a maneira de se fazer ouvir era dizendo coisas positivas: "Para isso, tive de dar mais atenção ao que estava acontecendo à minha volta, sentindo gratidão por tudo o que afeta a minha vida. Assim, fica fácil dizer 'estou vendo como você deu duro aqui'. As pessoas adoram ouvir isso".

Para Miller, que, desde então, se desenvolveu e ampliou seu império de negócios e a significativa atuação filantrópica de sua família, a gratidão "liberou a plenitude da vida e criou uma visão para o amanhã".

Quanto àqueles que ainda não acreditam, descobrimos que o viés da negatividade não é o único culpado. Enquanto pesquisávamos as ideias de uma ampla variedade de gestores de organizações do mundo todo acerca dessa prática, descobrimos uma série de opiniões amplamente endossadas sobre líderes que levam as pessoas a não manifestar gratidão. Demos a essas ideias perniciosas o nome de Mitos da Ingratidão. São eles que as impedem de atingir tudo de que são capazes. Na próxima parte deste livro, vamos tentar desmenti-los de uma vez por todas. Propomos que você leia com atenção cada um deles, mesmo que acredite que não se aplicam no seu caso. São grandes as chances de que você os associe a líderes que conhece, além de você mesmo. Se não for o caso, você é de fato um caso único.

Depois dos mitos, vamos arregaçar as mangas e pôr a mão na massa na Parte II, introduzindo oito maneiras simples de fazer um trabalho especializado para mostrar aos seus funcionários que são eles valorizados. Vamos incluir narrativas sobre como alguns dos líderes atuais de maior sucesso – entre eles, os CEOs Alan Mullaly, da Ford, e Hubert Joly, da Best Buy – incorporaram a gratidão a seu estilo incrivelmente bem-sucedido de liderança. Temos certeza de que suas ideias e seu exemplo deixarão claro, de maneira irrefutável, que demonstrar gratidão não é só uma questão de ser "legal", mas também ser inteligente – realmente inteligente – e que é uma habilidade que qualquer um pode aprender com facilidade.

Conforme for trabalhando com essas instruções, você aprenderá a mudar seu foco para demonstrar apreço pelas pessoas *como elas* são, e não apenas pelo que fazem.

Como sugere o título deste livro, *Lidere com gratidão* foi escrito para ajudar gestores em seus esforços para engajar e inspirar suas equipes, mas também se destina para o número cada vez maior de funcionários que se sentem desvalorizados e esquecidos. Nossa esperança é que, ao adotar estas ideias, todos sintam novamente paixão e entusiasmo pelo que fazem.

Acreditamos que, para todos nós, existe um futuro mais positivo e de esperança logo adiante. Não importa onde você esteja começando, ou os desafios que tenha pela frente. Ao aplicar os conceitos que vamos apresentar, você começará a se beneficiar do poder transformador da gratidão.

PARTE I
Os mitos da ingratidão (que estão prejudicando os líderes)

2

Mito: O medo é o melhor motivador

Sejamos claros: ABSOLUTAMENTE NINGUÉM acha que lidera utilizando o medo. Apesar disso, por toda parte existem gestores que funcionam à base do medo, e ninguém tem coragem de lhes dizer a verdade.

Uma parte do problema é a palavra "medo". Ela evoca em nós imagens daqueles chefes de antigamente – saídos diretamente de algum roteiro – rosnando ameaças enquanto soltam baforadas malcheirosas de seu charuto. Qual gestor hoje manteria seu pessoal em constante ansiedade, de propósito? Estamos certos?

Na realidade, em nossos levantamentos, constatamos que cerca de um terço dos gestores adota a ideia de usar o medo, em alguma medida, e a maioria não tem consciência de que o faz.

No trabalho, o medo se manifesta de múltiplas maneiras[13]. Por exemplo, o gestor inseguro pode espalhar medo no local de trabalho com a mesma rapidez de um perfume barato. Talvez ele se sinta intimidado por funcionários que se destacam e ache necessário colocá-los no seu devido lugar ou faça comentários encorajadores do tipo "Se vocês não baterem a meta do próximo mês, não sei se consigo protegê-los", ou "Existe uma lista bem grande de gente que adoraria ter o emprego de vocês". Esses funcionários podem passar a tarde toda pensando como têm sorte... ou não.

Outro exemplo? Embora muitos gestores não tentem de maneira consciente atiçar as chamas do medo, também não tentam exatamente abafá-las. Ora, se a equipe sente um pouco de pressão extra, será que é mesmo responsabilidade deles aliviar a situação? *Eles só precisam aguentar o tranco. O medo vem com o salário. O que não mata engorda.* E por aí vai.

O fato é que, instintivamente, todo mundo sabe que o medo faz com que as coisas sejam feitas. Se o nível de ansiedade aumenta o suficiente, as pessoas são capazes de fazer as coisas mais doidas por curtos períodos. Todos conhecemos a história da mãe que levantou um carro para salvar um filho preso ali embaixo. Há muito tempo os profissionais de marketing conhecem o poder do medo e o usam para vender de tudo – de seguro de carro a sistemas de alarme, de enxaguante bucal a cereais com fibras com gosto de casca de árvore e chulé.

Também é verdade que algum grau de ansiedade no ambiente de trabalho é simplesmente inevitável diante de todas as rupturas que vivemos nos dias de hoje. A concorrência imposta por startups implica a introdução de novas tecnologias que de fato podem ameaçar nossa segurança no emprego. Quando se trata de se preparar para uma tarefa importante, uma onda de ansiedade em geral é aceita como sinal de que você quer dar o melhor de si. No caso dos funcionários que não estão tendo bom desempenho, se forem conscienciosos e capazes de avaliar seu trabalho com objetividade, o medo intrínseco pode levar a melhores resultados. O argumento aqui é o medo do fracasso.

Tudo isso depende de uma coisa: não é esse medo que deixa as pessoas aflitas. Mas isso acontece muitas vezes.

Edwards Deming concluiu que o medo era malvisto numa cultura de Gestão da Qualidade Total.[14] Como escreveu, "elimine o medo para que todos possam trabalhar com eficiência". Como Deming percebeu claramente, os efeitos do medo costumam ser corrosivos ao longo do tempo. Sua visão é corroborada por um recente e volumoso corpo de pesquisas, entre as quais está o levantamento da Glassdoor que constatou que, embora 81% das pessoas digam que se sentem motivadas a dar mais duro no trabalho quando seu chefe as valoriza[15], por outro lado, somente 38% afirmam que trabalham mais quando o chefe é exigente, e apenas 37% dizem que se empenham mais se temem perder o emprego.

Quando se trata do nosso trabalho diário e dos desafios mais amplos da vida, sem dúvida o medo não é o melhor motivador. Nem de longe. O medo causa uma grande variedade de efeitos adversos que comprometem a qualidade do trabalho das pessoas e o desempenho geral da equipe. Isso acontece porque no cerne do medo existe a dúvida, e em culturas dominadas pela dúvida – em que as pessoas ficam preocupadas se estão encrencadas, se serão repreendidas ou demitidas – a incerteza constante acaba com a motivação, sem contar a inovação.

Culturas dessa espécie provocam estresse prolongado, que é a nossa reação biológica instintiva ao medo. Quando ficamos diante de uma ameaça, real ou imaginada, a amígdala no cérebro envia um sinal de perigo, o que instiga a liberação dos hormônios do estresse[16], causando diversas mudanças fisiológicas, entre elas, aumento da frequência cardíaca, aceleração da respiração e tensionamento dos músculos. Essa reação se desenvolveu como algo útil em resposta a ameaças imediatas, por nos dar uma injeção de energia e aumentar nossa força. *Shazam!* No entanto, tudo isso devia ser uma reação *temporária* e não uma condição de vida prolongada. Ameaças percebidas continuamente, que se estendem ao longo dos dias e das semanas, esgotam a energia. O estresse crônico também pode prejudicar seriamente a qualidade do sono da pessoa, o que consome mais ainda sua energia. O estresse induzido pelo medo é um fator determinante da síndrome do burnout.

Outra reação ao medo é a resposta de luta ou fuga, à qual deveríamos acrescentar a reação de paralisia do "cervo imóvel diante dos faróis de um carro". Em termos do nosso trabalho, a sensação persistente de medo gera algumas versões dessas respostas, acompanhadas de inúmeros efeitos deletérios para a produtividade. Fazer as pessoas entrarem no modo de luta pode parecer sensacional para alguns líderes – "Ótimo! Elas vão ter pique para encarar o desafio!" –, mas o espírito de luta, quando despertado pelo medo e não pela inspiração ou por um sentimento de propósito, no mais das vezes se volta contra o próprio gestor que o provocou, em vez de se dirigir para os desafios a serem enfrentados.

Os líderes jamais deveriam subestimar os graus de desprezo disfarçado que as pessoas cozinham em fogo baixo em resposta ao que lhes parece um tratamento duro e injusto, ou até mesmo à percepção de que o chefe não vai realmente tentar solucionar os problemas que estão levando todo mundo a perder o juízo. Em geral, os líderes nem se dão conta de que estão criando esse tipo de estresse. Uma dessas gestoras, que contratou nossos serviços de coaching, disse que se considerava "exigente", mas "justa". Quando nos preparamos para o coaching com essa mulher, para melhorar suas relações interpessoais, realizamos um trabalho de pesquisa 360 e entrevistamos sua equipe e alguns colegas da organização. Entre os comentários feitos sobre a gestora ouvimos que "ela tenta nos manter pisando em ovos", "põe a culpa de tudo na equipe de liderança sênior" e o inesquecível "quer uma obediência cega, mas não faz ideia de aonde estamos indo".

Com líderes como ela, os funcionários costumam tentar anular a autoridade do chefe, às vezes sem se importar com as consequências de longo prazo para sua própria carreira. Esse tipo de subterfúgio "dane-se" na verdade pode ser difícil de detectar, sobretudo se pensarmos em quanto os líderes são ocupados. Os integrantes da equipe, quando insatisfeitos, podem passar horas por dia tentando convencer os colegas a se voltar contra o chefe, criando solidariedade ao divulgar histórias beligerantes: "Você sabe o que ele me disse hoje de manhã?" ou "Não acredito que ele tratou você daquele jeito na reunião!". Quanto a falar dos problemas, *pode esquecer*. Ouvimos notas de ressentimento como "Ele não faz nada para me ajudar; por que eu deveria ajudá-lo?".

O problema é que, quando as pessoas trabalham em culturas baseadas no medo, a tendência é se defenderem, gastando boa parte do tempo e da própria energia psíquica tentando encontrar motivos que confirmem que a culpa não é delas. Elas podem culpar a administração ou outros departamentos pelos produtos de má qualidade que colocam à venda, os processos rígidos que têm de seguir, ou o sistema de TI que cai sem aviso. Em sua equipe, passam o dia procurando um colega a quem culpar, em vez de elas mesmas aceitarem ao menos uma pequena parcela da responsabilidade.

Em suma, a famosa máxima de Maquiavel – "É melhor ser temido do que amado" – não é somente errada como também perigosa.

Você está gerenciando à base do medo por engano?

Quando temos de dizer a um líder que ele ou ela está instalando um tanto do medo em sua equipe, como você pode imaginar, em geral isso não cai bem. Normalmente, a reação é de surpresa e resistência: "Do que você está falando? Eu deixo meu pessoal *assustado*?". Precisamos explicar que ameaças diretas não são a única forma de provocar medo. Às vezes, esse sentimento é causado quando o líder presta mais atenção a procurar defeitos do que a elogiar os acertos. Por exemplo, quando o gestor insinua que empregos podem estar em jogo, ele às vezes pensa que pode estar fazendo um favor aos funcionários com esse alerta sutil. Outros líderes caem na armadilha de procurar um culpado toda vez que surge um problema, se concentrando mais nos elementos negativos do que encorajando o time a corrigir o contratempo e a aprender com ele. Um erro comum é demonstrar irritação quando alguém pede uma orientação. Outro problema gigantesco é o microgerenciamento, ou seja, o líder tem pouca confiança na capacidade das pessoas e fica constantemente vigiando para encontrar erros e criticar. Na realidade, essa é – na maioria das vezes – uma demonstração do medo de fracassar do próprio líder.

Ken Chenault, presidente e CEO aposentado da American Express, nos contou que "certas pessoas querem passar essa imagem de serem duronas; elas confundem serem decididas com serem compassivas. Uma ideia fundamental que não têm é esta: se você quer ser um líder eficiente, precisa conquistar o coração e a mente das pessoas. Uma parte da gratidão consiste em ser vulnerável, mas alguns líderes são muito cautelosos quando se trata de demonstrar alguma vulnerabilidade". Chenault disse também que esse tipo de líder não constrói o nível de conexão necessária para se tornar alguém significativo na vida das pessoas.

Para saber se o medo pode estar prejudicando o desempenho de sua equipe, considere este conjunto de sintomas comuns que observamos em culturas baseadas no medo:

- explosões são permitidas, sobretudo se vêm de um líder sênior;
- condutas inapropriadas são toleradas, especialmente de alguém no topo da hierarquia;
- a comunicação é de cima para baixo, e os funcionários não se sentem à vontade para desafiar o chefe;
- os valores centrais não são expressos com clareza, nem entendidos, e certamente não são seguidos;
- quando alguém é chamado à sala do chefe, a primeira coisa que vem à cabeça é "será que estou encrencado?";
- reuniões antes das reuniões permitem aos funcionários distorcer as coisas para que sejam o que o líder quer ouvir.

Quanto aos que continuam provocando medo depois de constatar que fazem isso, veja a seguir as justificativas mais comum que alegam:

Não preciso ser amigo deles, e sim que me respeitem

Eles afirmam que os chefes durões conseguem muitos resultados. Citam como exemplo Bobby Knight, ex-treinador do time de basquete Indiana Hoosiers, que venceu três vezes o campeonato da NCAA e era famoso por amedrontar o time com um temperamento aparentemente estarrecedor. Houve um executivo que nos disse que, "para virar uma companhia pelo avesso, você precisa mostrar para as pessoas que tem coragem, você não pode ter medo de ser durão. Acho que as pessoas admiram isso em mim". Quando fizemos a pesquisa 360 sobre ele, alguns dos comentários dos colegas e funcionários foram: "Ele nos força até chegarmos ao limite"; ele "tenta controlar tudo" e "ignora o consenso, preferindo suas próprias opiniões". Para nós, não nos pareceu alguém assim tão admirado.

Imagine, por um momento, o seguinte cenário: Milton e Lois estão fazendo uma rápida pausa para um café depois da reunião da manhã com o gerente.

> Milton: Nossa, não suporto o chefe.
> Lois (*assentindo com a cabeça*): Ele é um horror. Uma vergonha para a espécie humana.
> Milton: Detesto o sujeito. Detesto.
> Lois: Mas você precisa *respeitá-lo*.
> Milton: Ah, isso sim, sem dúvida. Total respeito por ele. Muito, muito respeito.
> Lois: Eu também. Mas ainda detesto o cara.
> Milton: Mal consigo respirar de tanta raiva...

Será que isso vai acontecer um dia? Claro que não. Ninguém mais se chama Milton ou Lois.

Não é legal ser gentil

O mito do medo tende a persistir, conscientemente ou não, porque seus adeptos chamam bastante atenção em nossa sociedade. Diante do comportamento público execrável e bombástico de tantas pessoas de sucesso, pode parecer que o caminho mais rápido para avançar passe por ser cruel e mordaz, fazer comentários sarcásticos para se exibir ou para insinuar um nível mais alto de inteligência ou dominação dos outros. Foi assim que surgiu um mundo arrogante, cínico, separatista, em que pode ser cada vez mais difícil para as pessoas admitir sua vulnerabilidade e se mostrar menos do que perfeitas porque os outros estão atentos a qualquer tipo de falha (mesmo que tenham ocorrido há várias décadas).

Adoramos o que nos disse Scott O'Neil sobre essa bravata. Ele é CEO da Harris Blitzer Sports & Entertainment, uma empresa com um portfólio multibilionário que inclui o time do New Jersey Devils e o Philadelphia 76ers. "Viver irritado é intelectualismo barato."

Concordamos totalmente.

E o que descobrimos é que cultivar o respeito tem mais a ver com amor do que com medo, como afirma Jake Wood.[17]

Depois de jogar como atacante pelo time de futebol americano da Universidade de Wisconsin, Wood serviu como fuzileiro naval em uma missão no Iraque e depois como atirador de elite no Afeganistão. Hoje ele é cofundador do Team Rubicon, uma entidade beneficente que junta veteranos de guerra com as equipes de primeiro atendimento que são enviadas para todas as partes do mundo assoladas por desastres. Esse indivíduo que passou por tudo o que passou afirma que se importar de verdade com quem está sob seu comando gera o tão desejado respeito. Em suas palavras, "ninguém vai arriscar a própria vida se não se sentir amado".

Wood estava havia apenas duas semanas em sua primeira ida ao Iraque quando o sargento do pelotão se feriu gravemente por conta uma bomba na estrada que atingiu o comboio. Mesmo sendo um jovem recruta, Wood ficou encarregado de uma equipe de fuzileiros navais a quem tinha de acordar todo dia e convencer a voltar ao Triângulo da Morte – a zona mais letal de combate em campo aberto na época. Wood disse: "Você precisa saber quem são as pessoas da equipe e aonde eles querem chegar na vida. Eles sabiam que eu os amava e me importava com cada um. E, se algum deles caía, todos nós corríamos para enfrentar as metralhadoras a fim de trazê-lo e levá-lo de volta para casa".

Essa lição de algum modo escapou a outro militar numa sessão de treinamento. O general aposentado, que hoje trabalha no mundo corporativo, ficou especialmente abalado quando a discussão passou a girar em torno de como líderes que atuam com base no medo acreditam que comprometeriam a própria autoridade se agissem com delicadeza e demonstrassem gratidão. Ele confessou ter caído nessa armadilha em seus tempos de Exército e que a coisa se havia estendido para sua vida doméstica. Com os olhos marejados, esse homem duro como uma rocha se comprometeu a mudar e acrescentou: "Talvez assim meus filhos conversem comigo".

O fato é que as pessoas não vão dar seu melhor a menos que os líderes abandonem as táticas fundadas no medo e se comportem de modo mais atencioso: com transparência e equidade, ouvindo, admitindo os próprios erros, agindo no interesse da equipe. Desenvolver respeito tem a ver com ajudar os outros a crescer e apoiar as pessoas que cometem erros sem querer. O processo inclui dividir o crédito e assumir a culpa, quando for o caso. Significa pôr em prática os valores fundamentais e insistir numa conduta ética por parte dos integrantes da equipe. Respeito é dar um feedback honesto e solidário e ter conversas difíceis.

Quando esses comportamentos estão sendo adotados, o medo é a última coisa que passa pela cabeça de alguém. A boa notícia é que quase nunca é tarde demais para mudar uma cultura baseada no medo.

Práticas simples podem produzir maravilhas

Quando Alan Mulally se tornou o CEO da Ford, um grau doentio de medo já havia infectado as alas da liderança da venerável montadora norte-americana.[18] As reuniões dos executivos, por exemplo, tinham se tornado um ringue de combate no qual os funcionários tentavam encontrar as falhas dos planos uns dos outros em vez de recomendar soluções.

Mulally nos contou que "os negócios eram todos separados ao redor do mundo; era muito pouco o trabalho feito em conjunto". Toda quinta-feira, ele reunia os 16 principais líderes do mundo para uma revisão do plano de negócio com a intenção de aproximá-los em termos de visão, estratégia e projeto: "Era tudo novidade, e naturalmente ficaram apreensivos, mas pareceu uma boa coisa para eles. Era como se estivéssemos indo na direção da luz".

Uma das metas de Mulally era disseminar as 11 práticas do "sistema de gestão de trabalho em conjunto" que havia desenvolvido como CEO da Boeing. Entre esses princípios estavam "as pessoas em primeiro lugar... ame-as sem hesitação" e "respeitem, ouçam, ajudem e valorizem-se uns aos outros". Ele acreditava que todas essas medidas criariam uma Ford em que as pessoas poderiam conversar aberta e honestamente, sem medo de recriminações, e tornariam as reuniões da equipe executiva algo positivo, em vem de negativo.

"Como na maioria das empresas, a Ford tinha funcionado segundo a filosofia de só levar um problema ao conhecimento do chefe ou do líder quando se tivesse uma resposta", Mulally comentou conosco. "A nova filosofia se baseava no fato de que vamos ter problemas e vamos precisar da ajuda de todos para resolvê-los. Portanto, uma das atitudes esperadas era passarmos a compartilhar e a pedir ajuda quando necessário, e depois todos vamos nos comprometer a ajudar."

Levou algum tempo até a equipe que trabalhava diretamente com ele acreditar que Mulally estava sendo sincero.

Finalmente, numa reunião, o presidente da América do Norte, Mark Fields, assumiu o risco e reconheceu que haveria um atraso no lançamento de um novo veículo sob sua supervisão. Os outros executivos pareciam nervosos. Mulally disse: "Ficamos sem ar na sala. Eu podia ver nos olhos daquelas pessoas que elas achavam que ia se abrir uma porta atrás de Mark, e dois brutamontes viriam arrancá-lo da cadeira. 'Tchau, Mark'".

Em vez disso, o que aconteceu foi que Mulally puxou uma salva de palmas e disse: "Mark, muito obrigado. Isso é muita transparência". Em seguida, perguntou ao grupo: "Tem alguma coisa que possamos fazer para ajudar Mark a sair dessa?". Em poucos segundos, muitas ideias foram propostas.

Como não estivemos nessa reunião, sempre imaginamos esse momento como mais dramático do que provavelmente foi, em que Mulally começava um movimento arrebatador com os braços contra o fundo musical de violinos, num crescendo que explodia em aplausos ensurdecedores de todos os presentes. Lágrimas iam sendo enxugadas. Sobem os créditos. Na realidade, Mulally disse que tudo se passou num piscar de olhos, mas a coisa mudou totalmente. Como ele dizia aos seus líderes, "você *tem* um problema; *você* não é o problema".

Transformar uma organização significa mais do que resolver os números. Sim, Mulally aumentou as vendas, o lucro e o fluxo de caixa, além de reduzir a dívida. No entanto, em geral, esses são os sintomas de uma empresa que perdeu o rumo. Ele eliminou as brigas internas criando transparência e instalando uma cultura de trabalho em conjunto em todas as equipes de liderança. Ao fazer isso, a cultura corporativa pôde ser integrada com base na confiança, em vez de ser fragmentada em grupos isolados, como tinha sido até então. Como evidência de que isso dava certo, o comprometimento dos funcionários disparou. Quando Mulally chegou à Ford, o engajamento dos funcionários girava em torno de 20%; ao se aposentar oito anos depois, o índice estava em 91%, o maior do mundo no âmbito das grandes empresas.

Para Mulally, "o líder é realmente muito importante. Agora, o mundo lá fora está se dando conta disto: as habilidades são uma coisa, mas criar uma organização inteligente e saudável, livre de politicagem, em que as pessoas não persigam umas às outras, isso exige que elas sejam respeitadas, que tenham acesso aos dados verdadeiros e que agradeçamos a elas pelo que têm feito".

Na segunda metade deste livro, vamos apresentar algumas maneiras simples e poderosas de abolir o medo e incentivar a confiança, promover a solidariedade dentro do time e estimular a energia por meio de práticas de gratidão inovadoras.

Como você verá, quando os comportamentos apropriados estão em vigor, sobra pouco tempo para viver o medo. Todo mundo está aproveitando demais as vitórias.

3

Mito: As pessoas querem elogios demais hoje em dia

Quando estávamos visitando um cliente, conhecemos Anne, uma bem-sucedida representante comercial da área farmacêutica. O diretor de vendas comentou conosco que sorte tinha sido "roubá-la" de um concorrente porque durante anos sua empresa tinha perdido negócios que ela fechava. Nos poucos minutos que passamos com ela ficou claro que Anne não só tem uma inteligência afiada como um ótimo senso de humor. Ela comentou que tinha atuado numa trupe de comediantes que trabalhava com improviso e que agora colocava sua sagacidade em ação, conseguindo furar a barreira das recepcionistas dos consultórios até chegar à sala de médicos mais do que atribulados. No final de muitas das suas visitas, os médicos não só se comprometiam a receitar os medicamentos que ela oferecia como lhe perguntavam quando Anne voltaria. Na área de vendas para o setor médico isso é uma *novidade absoluta*.

Quando lhe perguntamos quem tinha sido bobo o bastante para deixá-la escapar, ela deu um breve suspiro e falou do seu antigo chefe: "Um dia, ele me perguntou o que poderia fazer para melhorar o ambiente de trabalho. Fiquei de fato surpresa, porque ele agia com mão de ferro. Mas então pensei, bem, que ótimo, talvez ele realmente estivesse querendo mudar as coisas. Então expliquei que eu não achava que recebia dele muitas mostras de gratidão por todas as contribuições que eu vinha fazendo e disse até que um 'obrigado' de vez em quando seria legal.

"Mais tarde, no mesmo dia, esse gestor e eu fomos fazer alguns atendimentos, e ele começou a zombar de mim sem parar, dizendo que eu tinha aberto a porta do carro direitinho e abaixado o volume do rádio com precisão. Ele achou que estava sendo engraçado e, quando percebeu que eu não estava gostando nada, me disse para levar na brincadeira. Foi nessa noite que comecei a atualizar meu currículo."

Conhecemos muitos gestores que nos dizem que hoje em dia os funcionários estão ávidos por aprovação. Essa necessidade se alastrou em grande escala nos últimos anos conforme os millennials e a geração Z se tornaram a maioria da força de trabalho, com sua típica expectativa de equilíbrio entre vida pessoal e trabalho, de ver sentido no que fazem, preferir macarrão instantâneo e não ter medo de trocar de emprego se não gostam de onde estão. Muitos gestores com quem conversamos se queixam de que as gerações mais jovens são imaturas e carentes, o que traz à mente a ideia popular dos pais sempre protetores que tornam os filhos viciados em aprovação. Esse tipo de gestor explica que "não quer pôr lenha na fogueira dando tapinhas nas costas dessa moçada" e que "eles precisam entender como é o mundo de verdade".

A preocupação deles é que, se elogiarem mais, esses funcionários vão ficar convencidos, se achando o máximo e começarão a ser desleixados. E o pior de tudo: podem querer aumento.

Bem, é verdade que um certo tipo de elogio em excesso – como os que alguns pais fazem – tem tido efeitos adversos nos filhos. Daqui a poucas páginas falaremos mais sobre esse estudo, mas, primeiro, todo líder precisa entender que a nossa pesquisa – assim como a de muitos outros – demonstra que os colaboradores jovens não estão de fato buscando elogios gratuitos. Eles querem orientação. Diretrizes claras e feedback. Querem saber se o que fazem está certo e o que precisa de ajustes. Aqueles que buscam elogios em geral têm alta autoestima (como Anne). Para esses profissionais, mostras de gratidão esclarecem se o trabalho que estão realizando está correto, se é valorizado pelo chefe e por outros na empresa e se está oferecendo uma contribuição significativa para a área.

Até o momento, mais de 25 mil millennials e jovens da geração Z fizeram a nossa Avaliação de Motivadores [Motivators Assessment], e nossa análise de suas respostas mostra que a vasta maioria deseja que os chefes ofereçam um feedback consistente sobre o impacto que estão causando. A maioria dessas pessoas cresceu recebendo mais orientação dos pais, professores e consultores do que qualquer geração anterior. Além disso, não sabem o que é viver sem ter acesso instantâneo a informações e pessoas. Largue um millennial completamente nu no meio do deserto e não vai demorar nada para ele postar fotos no Instagram, com quatro barras de sinal, num iPhone que conseguiu arrumar milagrosamente. Em resumo, nossos funcionários mais jovens estão habituados a obter resposta imediata a suas perguntas. Esse é o papel vital que a gratidão desempenha: ajuda a pessoa a saber se está no caminho certo.

E qual é a boa notícia para os gestores? Nosso trabalho com funcionários de todas as idades deixa claro que o desejo de receber feedbacks claros e mais frequentes não é, em absoluto, um capricho especial dos millennials. A diferença é que eles têm a insaciável temeridade de realmente esperar por isso e de se fazer ouvir a esse respeito. As pesquisas, inclusive, mostram que há bons motivos para os funcionários de todas as idades pedirem mais feedback. Segundo um levantamento publicado na *Forbes*, 65% de todos os funcionários gostariam de receber mais feedback do que recebem atualmente.[19]

Assim, em vez de enxergar seus funcionários mais jovens como crianças problemáticas exigindo elogios, pense que estão oferecendo uma inestimável perspectiva para os gestores no sentido de levá-los a motivar e direcionar melhor seu pessoal. Adoramos o que Kris Duggan, fundador da Betterworks, uma empresa de software para RH, diz a respeito disso: "Existe uma concepção equivocada sobre funcionários mais jovens esperarem ser recompensados a cada pequena coisa que fazem. A verdade é que eles preferem ser reconhecidos somente por resultados significativos, assim como acontece com qualquer outro funcionário. O mais importante, porém, é sentirem que suas contribuições são importantes para o futuro da empresa".[20]

Corroborando Duggan, temos a popular blogueira millennial Kaytie Zimmerman, que escreveu "qual funcionário normal não quer ser reconhecido, receber um agradecimento, ser elogiado por um trabalho bem-feito? Isso não é só o desejo dos millennials. Todos nós temos uma profunda necessidade de saber que nosso trabalho importa, seja qual for nossa idade. A diferença é que os millennials não têm lealdade para com uma empresa simplesmente porque foram contratados. Eles são leais quando se sentem valorizados, desafiados e recompensados".[21]

Narcisismo e o problema do elogio

Muito bem... e quanto à epidemia de narcisismo? Ela sem dúvida tem sido estimulada pelos elogios, não é? Os dados de Joel Stein, publicados na *Time*, mostram que o narcisismo de fato está aumentando, mas ele salienta que o narcisismo não é uma coisa nova nem apenas é culpa dos mais jovens: "O envolvimento consigo mesmo que caracteriza os millennials é mais a continuação de uma tendência do que uma ruptura revolucionária em relação às gerações anteriores".[22]

O elogio desempenhou algum papel nessa tendência? Sim e não. Segundo uma pesquisa realizada na Universidade Estadual de Ohio e na Universidade de Amsterdã, o narcisismo em crianças não resulta dos elogios em si, mas da aprovação constante e *indevida* de pais com uma visão exageradamente inflacionada de como os filhos são especiais.[23] Em *Proceedings of the National Academy of Sciences*, os pesquisadores escreveram que "o estudo mostrou que o narcisismo é maior em países do Ocidente do que nos não ocidentais, o que sugere que o nível do narcisismo vem aumentando em ritmo acelerado entre os jovens ocidentais ao longo das últimas décadas".

Por definição, o narcisista se sente superior aos outros, tem uma visão fantasiosa de seus êxitos pessoais e acredita que merece um tratamento especial. Quando é humilhado, costuma reagir de modo agressivo e até violento. Ao esmiuçarem as causas do narcisismo, os pesquisadores fizeram pais e filhos – com idades entre 7 e 11 anos – responderem a uma série de perguntas sobre se considerarem pessoas excepcionais. Duas afirmações que precisavam pontuar no questionário eram "Sou superior aos outros" e "Tenho direito a privilégios". Também foi solicitado aos pais que avaliassem afirmações sobre o "valor" dos filhos em frases como "Meu filho é um grande exemplo para as outras crianças seguirem". O que descobriram foi que os filhos classificados pelos pais como superiores em geral exibiam a tendência mais acentuada de narcisismo. Além disso, essas mesmas crianças não apresentavam autoestima elevada. Observe: autoestima significa ter uma boa imagem de si mesmo, ao passo que narcisismo implica *querer* apaixonadamente ter uma boa imagem de si mesmo.

Os pesquisadores sugerem que o narcisismo pode ser previsto principalmente pela avaliação inflacionada dos pais. As crianças internalizam a visão exagerada que os pais têm delas. Já a autoestima pode ser prevista pelo afeto dos pais. Desse modo, salientar repetidamente para os filhos como são extraordinários em todos os aspectos da vida pode provocar problemas em termos da capacidade da criança para avaliar seus próprios talentos e suas habilidades.

O segredo para fazer elogios eficientes a uma criança está em dar mostras frequentes de aprovação por comportamentos adequados. Lemos praticamente todas as pesquisas realizadas sobre elogios e ainda não encontramos um conjunto de dados digno de crédito que mostre que elogios *merecidos* regulares provoquem egos inflacionados. Pelo contrário, pesquisas dos últimos 70 anos têm demonstrado que oferecer reforço por comportamentos positivos e trabalhos bem executados são essenciais para criar filhos saudáveis e bem ajustados.

Quando um gestor se abstém de fazer elogios em situações nas quais isso é legítimo só porque acha que o funcionário já foi elogiado demais, o que ele está fazendo é essencialmente assumir o papel do pai ou da mãe. Claro que isso é um perigo (além de um tanto bizarro). Embora os líderes devam ser mentores para os funcionários, ajudando-os a desenvolver seu talento, nenhum líder deve tentar assumir a tarefa de "consertar" a pessoa que o funcionário é. A relação filial com uma figura de liderança cria uma cultura em que o funcionário espera para receber incumbências, se responsabilizando pouco pela iniciativa. Para o líder, isso causa um esforço desproporcional para corrigir o modo de ser da pessoa ("Sente-se direito, Tarik, você está encurvado na cadeira de novo"), em vez de voltar a atenção para melhorar como ela trabalha e cultivar seu potencial para crescer.

Não dou o que não recebi

Uma ironia do Mito do Excesso é que muitas vezes ele se origina com o líder que recebeu menos mostras de gratidão do que deveria. Alguns desses gestores nos disseram que receberam raros elogios dos próprios chefes e dos pais e que continuam não recebendo agradecimentos suficientes dos executivos aos quais se reportam. Mesmo assim, continuaram indo trabalhar todo dia e foram subindo os degraus da carreira, não foram? Um deles comentou: "Eu praticamente *não vi* meu primeiro chefe, e ele com certeza nunca me disse que eu estava fazendo um bom trabalho". (Há um motivo pelo qual o amor não correspondido é o tema principal de grande parte da música popular: todos sabemos do que se trata.)

Embora algumas pessoas extraordinárias construam sua força de caráter mesmo sem ter recebido condições para isso – uma falta de estabilidade na infância que as tornou pais mais cuidadosos, ou a ausência de mentores que fez delas chefes melhores, ou a escassez de bons amigos quando criança que as tornou confidentes mais confiáveis na idade adulta –, é mais comum que aquelas que não receberam alguma coisa transmitam o pecado da omissão para a próxima geração; no mais das vezes, as pessoas que trabalham para esse tipo de líder tornam-se apáticas e não se envolvem com o trabalho.

Por que passamos a responsabilidade desse modo? Na base desse processo está a psicologia da reciprocidade, um princípio profundo do ser humano. Essa poderosa ética inata nos diz que não devemos dar o que não recebemos, e vice-versa. Esse ciclo precisa ser rompido. Em primeiro lugar, os líderes que caem nessa armadilha precisam se lembrar de que não foram seus funcionários que os trataram pior do que deveriam, de modo que não existe aí uma situação em que a reciprocidade seja de fato aplicável. A medida certa de se demonstrar gratidão ou não é se ela é devida ou não. Ponto. E, embora muitos fiquem firmes no leme e avancem na carreira apesar da falta de incentivos por parte de chefes mesquinhos, essa política simplesmente não combina com o perfil dos funcionários de hoje em dia. Esse é um aspecto em que os millennials com certeza são diferentes: eles não têm medo de dar no pé quando o chefe é muito frugal nos agradecimentos.

Recentemente, Adrian estava dando um treinamento num gigante da tecnologia no Vale do Silício. Depois de apresentar dados de pesquisa demonstrando que funcionários mais engajados são mais valorizados do que os menos engajados, e que, nessa companhia especificamente, a pesquisa de engajamento tinha mostrado que os índices de reconhecimento do valor dos funcionários eram, hum, uma porcaria, um sujeito replicou: "Meu primeiro chefe não dizia 'bom trabalho' com frequência, mas, quando dizia, a gente sabia que era pra valer". Outro gestor comentou: "Isso pode ter servido para você, Rod, mas, se você agir assim hoje em dia, os programadores vão cair fora".

Gestores como Rod costumam admitir que não se sentem à vontade para expressar gratidão e acreditam que os outros vão ficar incomodados ao recebê-la. Afinal, todos conhecemos pessoas que parecem constrangidas ao receber um elogio e que o refutam com algum comentário autodepreciativo. Alguém diz "Adorei sua roupa" e ouve "Esta coisa velha? Já está toda estragada". Pode ser verdade que algumas pessoas tenham dificuldade de receber um elogio, ou até de acreditar que o merecem, mas, quando o apreço se refere a realizações profissionais – quer demonstrem ou não –, em geral as pessoas ficam contentes se o seu trabalho está sendo valorizado. Pegar o jeito pode levar algum tempo para chefes ou funcionários que não se sentem à vontade em demonstrar ou receber gratidão, mas o animal humano vem sendo aperfeiçoado para apreciar a valorização *autêntica*. Em geral, podemos nos acostumar com isso bem depressa. O truque é ter coragem e dar uma chance a essa prática, não importa o que digam os críticos (externos ou internos).

Adoramos o que o presidente dos Estados Unidos Teddy Roosevelt disse em 1910: "Não é o crítico que importa... O crédito pertence a quem efetivamente está na arena, com o rosto coberto de suor, poeira e sangue, que se dedica com valentia, que erra, que fica aquém várias vezes seguidas, porque não existe esforço sem erros e falhas". Brené Brown, autora e professora da Universidade de Houston, diz que levava uma vida inteiramente diferente antes de encontrar esta citação: "Você vai cair, falhar e conhecer a dor de um coração partido. Mas estas são as palavras que digo antes de sair da cama, todos os dias: 'Hoje, vou preferir a coragem ao conforto... Hoje, vou escolher a coragem'".[24] Viva!

Existe uma última possibilidade que é importante mencionar. Quando estávamos desenvolvendo a Avaliação dos Motivadores, constatamos que uma pequena porcentagem das pessoas (mais comum entre funcionários mais velhos) tem muito mais motivação intrínseca do que a norma e que, portanto, vão dizer que não querem muitos elogios. Alguns podem até interpretar a gratidão como uma forma de condescendência: "Veja, eu realmente não preciso que você me encha de elogios". Fica fácil presumir então que, para elas, a gratidão não tem a menor importância. Mas, na realidade, isso não é verdade na maioria dos casos. Com os que têm uma forte motivação intrínseca, o elogio precisa ser breve e absolutamente dirigido a um alvo. Lembre que é algo raríssimo uma pessoa não querer nenhum feedback direto e positivo de seu superior. Quando Jim Kouzes e Barry Posner, autores de *The Leadership Challenge*, perguntaram a participantes de um levantamento se, "quando eram encorajados, isso os ajudava a ter um desempenho superior", cerca de 98% disseram que sim.[25] Portanto, é uma boa suposição pensar que todo mundo quer um pouco de gratidão. A diferença está em praticá-la de uma maneira que seja valorizada.

Quando é que há excesso de uma coisa boa?

É raro que o elogio autêntico e direcionado seja demais, embora sem dúvida certo montante de gratidão possa ser excessivo. Um pouco de chuva é bom, mas em excesso é uma inundação, certo? Depois de visitar centenas de locais de trabalho no mundo todo, porém, ainda não estivemos em nenhum onde os funcionários tivessem se queixado de serem elogiados em excesso: "Estou caindo fora! Phyllis, empacote as minhas coisas! Esses FDPs foram longe demais com essas homenagens e esses balões!". Pouco provável. O mais comum é os funcionários sentirem que seu empenho é amplamente ignorado.

Ainda assim, alguns gestores afirmam que, se derem feedback positivo ao seu pessoal o tempo todo, isso perde a eficácia. Uma pesquisa fascinante conduzida na Faculdade Wharton da Universidade da Pensilvânia mostrou resultados que podem ser de fato surpreendentes em relação à frequência de demonstração de apreço.[26] Os pesquisadores dividiram aleatoriamente, em dois grupos, os indivíduos que pediam doações para a universidade. Um grupo ligava para ex-alunos pedindo doações, como sempre tinha feito, enquanto o segundo grupo, além de fazer as ligações, recebia palavras de gratidão do diretor do evento anual. Os funcionários que receberam essas palavras de gratidão frequentes e específicas fizeram

50% mais telefonemas solicitando doações do que o outro grupo. O elogio direcionado não envelheceu para esses funcionários da instituição. Na verdade, ele os ajudou a continuar motivados a executar uma tarefa desafiadora, dia após dia.

Bem, não estamos dizendo que todo líder precisa oferecer elogios a todo funcionário, todo dia. O que estamos dizendo é que a maioria dos gestores deveria oferecer mais elogios, com muito mais frequência.

Consideramos bastante esclarecedora a pesquisa dos psicólogos John Gottman e Robert Levenson.[27] Eles começaram realizando estudos longitudinais de casais nos anos 1970 para entender a diferença entre os pares felizes e os infelizes. Numa das vertentes da pesquisa, convidaram os casais a entrar numa sala com equipamento de vídeo – com o conhecimento dos casais – e pediram que tentassem resolver algum conflito do seu relacionamento em 15 minutos. Poderia ser sobre qualquer coisa: finanças, os sogros, os filhos, o modo de colocar o papel higiênico no suporte, o que quer que os estivesse incomodando no momento. Em seguida, os pesquisadores analisaram as fitas, detalhando a natureza da interação entre cada casal. Depois, eles guardaram as fitas, devidamente rebobinadas, naturalmente, eram pesquisadores muito cuidadosos (observação: essa piada só vale para quem tem mais de 30 anos).

Nove anos mais tarde, foram verificar se os casais continuavam juntos. Descobriram que, naquela breve tentativa de resolver um conflito tanto tempo atrás, os casais que tinham continuado juntos exibiram uma proporção clara de sentenças positivas em comparação com as negativas: cinco positivas para uma negativa. No caso dos divorciados, a proporção de positivas para negativas foi menos de uma para uma. Numa etapa seguinte, usando apenas essa interação de 15 minutos, os pesquisadores puderam prever com mais de 90% de exatidão quais casais permaneceriam juntos. Uau.

Sobre os casais mais felizes, o dr. Gottman disse que "podem estar discutindo, mas também estão rindo e se provocando, e há sinais de afeto porque têm uma ligação emocional. Por outro lado, os casais infelizes costumam ter menos interações positivas que compensem uma negatividade cada vez maior. Se a proporção positivo/negativo durante o conflito é de um para um ou menos, isso indica que o casal está à beira do divórcio". Graças em parte a essa pesquisa, os terapeutas agora fazem os parceiros demonstrarem gratidão um ao outro como um fator importante da terapia de casal.

Na próxima parte deste livro, vamos apresentar orientações mais específicas para como avaliar se você está oferecendo ou não um quociente saudável de gratidão ao seu pessoal. Por ora, queremos que saiba disto: nossa pesquisa confirma os dados de Gottman e Levenson. Tanto no trabalho como em nossos relacionamentos pessoais, a proporção de cinco para um em termos de comentários positivos nas interações e de críticas construtivas é um bom indicador de uma cultura de alta performance.

4

Mito: Simplesmente não há tempo

Se tem uma coisa que falta a todos os líderes em suas 12 horas de jornada é tempo. Ainda estamos para encontrar o gestor que não fique louco com tantas reuniões seguidas, a caixa de entrada lotada de e-mails para responder, bombas para desarmar. O estado de ocupação permanente é, de longe, a desculpa mais comum para não demonstrar gratidão.

Entendemos essa posição, sabemos bem como é. Fomos vice-presidentes em várias corporações de grande porte e, hoje em dia, como empresários, comandamos uma empresa que oferece treinamentos, escrevemos livros, damos palestras em organizações e oferecemos consultorias culturais e para executivos. No ano passado, trabalhamos em mais de 80 cidades em cinco continentes. No entanto, praticar a gratidão do jeito certo não leva tanto tempo assim, e o retorno em termos de produtividade supera em muito o que é obtido por qualquer outra prática gerencial.

A maioria dos líderes que conhecemos e que acreditam no Mito do Tempo acha que a gratidão é ótima e tal, mas que a eficácia tem a ver com dureza, não com delicadeza. Dada a velocidade dos negócios atualmente, da avalanche de dados que devem ser analisados e da pressão da concorrência mais intensa do que nunca, para gerir bem é preciso contar com insights e momentos de lucidez. Tem a ver com conhecer cada vez mais a fundo o cenário competitivo e reportar o que for descoberto. Tem a ver com consertar, não com agradecer. Quando é hora de encontros cara a cara, de reuniões com clientes e com fornecedores, de desenvolver a relação com os colegas e os superiores de todos os quadrantes da organização, essas situações são vistas como mais importantes do que o tempo gasto com a própria equipe. Não que os gestores não passem tempo com seu pessoal, como eles mesmos nos lembram, mas o tempo disponível é curto, e eles simplesmente não podem fazer mais do que já estão fazendo.

É claro que dados, clientes, colegas em cargos de liderança etc. são prioridades cruciais e inadiáveis. Ao mesmo tempo, porém, as pressões competitivas tornam mais importantes do que nunca administrar a equipe com eficiência. Hoje em dia os funcionários vão trabalhar para a concorrência muito mais depressa do que antes, e o índice de rotatividade é uma das maiores despesas e um dos destruidores de produtividade dos tempos atuais. Numa estimativa conservadora, a Deloitte afirma que o custo de perder cada funcionário está entre dezenas de milhares de dólares e de 1,5 a 2 vezes o salário anual do colaborador.[28] Esse custo inclui o tempo de recuperar o auge da produtividade, contratar, recepcionar, treinar, a perda do engajamento com os colegas devido à alta rotatividade e o número crescente de erros.

E quem tem mais chance de deixar você na mão? Sem dúvida não os "devagar quase parando". Esses não vão a parte alguma. Literalmente. Você poderia instalar a máquina de café na mesa deles, nem assim eles desistiriam. Os funcionários mais proficientes e altamente motivados são os que têm mais probabilidade de avaliar outras possibilidades de trabalho e são os alvos principais dos recrutadores de talentos. Pense por um momento sobre o efeito na produtividade de sua equipe – e talvez no seu próprio emprego – ao longo do próximo trimestre, ou do ano todo, se uma ou duas pessoas de alta performance pedissem demissão.

Quando refletimos sobre o Mito do Tempo, é impossível não lembrar de um possível cliente com quem tivemos uma primeira reunião para sondar a situação. Tratava-se do presidente de uma grande indústria que tinha ouvido falar de nossa extensa pesquisa sobre a construção de culturas de alta performance. Ele nos disse que era exatamente isso que queria. Quando introduzimos o tópico das habilidades psicossociais e como os gestores e os funcionários das equipes de melhor desempenho expressavam mais gratidão entre si, ele interrompeu bruscamente a conversa. E disse que seus gestores poderiam pôr isso em prática quando estivessem "na igreja". Enquanto estivessem em horário de trabalho, seus funcionários precisavam focar na consolidação do negócio.

No final, ele decidiu não incentivar o foco de sua cultura nas habilidades psicossociais e, no decorrer de alguns anos, acompanhou o declínio de suas vendas, da inovação e de 60% de redução no valor das ações de sua empresa. Claro que não estamos sugerindo que a falta de gratidão foi o único motivo para que sua organização afundasse (achamos que eles também mandaram tirar a mesa de pingue-pongue). Mas uma revisão de mais de 300 das mais recentes avaliações Indeed e Glassdoor sobre a empresa nos informou que uma cultura de gratidão poderia ter ajudado. No conjunto dos fatores negativos, de longe a queixa citada com mais frequência foi "pouco ou nenhum reconhecimento por um trabalho bem-feito".

Como esse sujeito não percebeu ou não deu nenhuma importância ao fato de seus funcionários estarem desesperados para receber algum reconhecimento de seu valor, ele perdeu uma oportunidade de ouro para aproveitar essa energia e esse talento.

Uma das grandes ironias sobre esse Mito do Tempo é que os líderes que creem nele costumam preparar sofisticados documentos de estratégia, cheios de análises de dados e projeções sobre tendências de consumo e mudanças no mercado – muitas vezes com a ajuda de consultores externos para confeccioná-los –, e pagam bem caro por esse trabalho. O que estão ignorando são os insights que muitos dos seus funcionários poderiam lhes oferecer. Tivemos acesso a vários desses planos estratégicos, e em muitos casos nos pedem para assinar um acordo de confidencialidade antes de lê-los. Respeitamos o sigilo – afinal de contas, somos de fora –, mas o que nos chamou a atenção nessa abordagem é que no mais das vezes a estratégia continua confidencial para todos abaixo do nível executivo *dentro da própria empresa*.

Apontamos para o fato de serem os funcionários que terão de realizar o trabalho necessário, mas, infelizmente, eles em geral são tratados como pouco mais do que considerações secundárias nos documentos, aparecendo em chavões como "Manter a força de trabalho engajada". Há pouquíssimas menções a como a liderança pretende de fato inspirar o coração e a mente dos funcionários para que se envolvam ou executem a estratégia. Depois, as equipes de líderes se surpreendem quando deparam com a resistência dos funcionários. Claro que isso acontece: é muito pequeno o esforço feito para compartilhar com esses funcionários sua visão do futuro e certamente se dedicam bem pouco a ouvir o feedback deles antes de se comprometerem com o plano. Uma comunicação clara sobre a estratégia é essencial ao alinhamento da organização. Se o plano não é comunicado aos funcionários, como é que vão entender o papel que devem desempenhar ou a contribuição que podem fazer para realizá-lo?

Como Alan Mulally nos disse, "na maioria das companhias são poucas as pessoas que conhecem o plano, e os líderes só compartilham com os demais o que acham que eles precisam saber. Uma coisa inédita nos negócios é que todos precisam conhecer o plano. Ainda mais importante é que precisam saber o que está contra o plano. Não é possível gerenciar um segredo".

Michael Mankins, da Bain & Company, escreveu com Richard Steele uma matéria na *Harvard Business Review* afirmando que, em média, as empresas só entregam 63% dos resultados financeiros prometidos por sua estratégia.[29] Dizem que, frequentemente, isso resulta de excesso de ambição ou de mudanças no mercado, mas muitas vezes é causado por má execução. Phil Jones, autor e especialista em Balanced Scorecard, acrescenta que o maior problema da execução é: em geral, somente 8% de uma organização entende qual é a estratégia.[30]

A gratidão é uma via de mão dupla

O que estamos sugerindo aqui é uma mudança de mentalidade. Em vez de comprometer a produtividade, a gratidão deve ser entendida como seu multiplicador. Quando bem aplicada, os líderes se tornam mais próximos do seu pessoal e prestam atenção naquilo que os funcionários estão fazendo como contribuição; isso abre as portas para que as pessoas ofereçam suas ideias para lidar com os problemas que estão enfrentando, as soluções que lhes ocorreram, divulguem informações valiosas que receberam de clientes, e até citem os erros que cometeram ou as questões que estão atrapalhando seu trabalho. Todas essas informações podem ter uma enorme utilidade para a execução da estratégia e para melhorar os resultados.

Adoramos a história contada pela ex-diretora de talentos da Netflix, Patty McCord, sobre uma pergunta formulada por um funcionário, durante uma reunião da empresa inteira, que teve um impacto enorme na estratégia da companhia.[31] Como ela conta em seu livro *Powerful*, a equipe executiva estava fazendo apresentações sobre seus respectivos papéis no negócio. Depois que o diretor de conteúdo, Ted Sarandos, terminou de falar e abriu para perguntas da plateia, um engenheiro indagou por que os filmes eram lançados em certa sequência: primeiro nos cinemas, depois em hotéis e finalmente nos canais a cabo. Sarandos poderia simplesmente ter respondido que era porque sempre foi assim. Em vez disso, ele parou para refletir sobre a pergunta e se deu conta de que o sujeito era inteligente e conhecia a fórmula, mas estava pensando em algo além. Então respondeu com sinceridade: "Não sei".

Ele atribui a essa pergunta o crédito de tê-lo instigado a repensar todo o modo como o conteúdo era lançado, e isso levou o sistema Netflix a liberar todos os episódios de um seriado de uma vez. Como sabemos, foi isso que possibilitou o sucesso monumental das maratonas de programas do Netflix. Apenas imagine o ROI [retorno sobre o investimento] de conseguir que os funcionários se envolvam numa discussão de estratégia...

Com as ferramentas da Parte II para expressar agradecimentos, os gestores podem fazer um trabalho excelente, dedicando apenas uma ou duas horas por semana à prática da gratidão.

Como achar tempo para ser grato

Não estamos sugerindo que os líderes devam aumentar sua carga horária de trabalho para incluir mais agradecimentos. O que de fato recomendamos a eles é analisar friamente todo o uso que estão fazendo do seu tempo e realizar um pequeno experimento de custo-benefício. Se otimizar a eficiência de todo o ciclo de operações, quantos minutos de sua semana média você acabaria economizando? Um estudo revelador nesse sentido, realizado pelos professores Heike Bruch, da Universidade de St. Gallen, na Suíça, e Sumantra Ghoshal, da London Business School, sugere que, para a maioria dos líderes, existe bastante indolência a ser trabalhada.[32] Depois de mais de dez anos coletando dados sobre eficiência no uso do tempo em mais de dez grandes empresas, entre elas Sony, LG Electronics e Lufthansa, os autores descobriram que somente 10% dos líderes estavam usando seu tempo de maneira bem pensada, engajada e voltada para um propósito.

Bruch e Ghoshal também constataram que os gestores mais eficientes eram mais focados. Passavam menos tempo no modo reativo, sem reagir imediatamente a cada questão que vinha à tona. Também descobriram maneiras de evitar e-mails de distração e de encurtar a duração de reuniões. Os pesquisadores concluíram que, com essa disciplina, os gestores mais focados "podem dedicar toda a sua atenção aos projetos em que acreditam".

Concordamos com o que Gary Keller, autor de *The ONE Thing*, tem a dizer a esse respeito: "Você precisa fazer menos coisas para obter mais efeito, em vez de mais coisas com efeitos colaterais".[33]

Praticar a gratidão gera o maior efeito pelo tempo dedicado.

5

Mito: Não é da minha natureza sentir gratidão

Com tudo o que sabemos sobre neurociência e genética, aprendemos que algumas pessoas são de fato naturalmente mais propensas a ser "afetuosas e sentimentais" (embora com algumas ressalvas importantes que vamos abordar).

As pesquisas sugerem que existem diferenças reais na estrutura cerebral de pessoas propensas a serem mais gratas ou menos gratas.[34] Uma delas descobriu que as naturalmente propensas a sentir gratidão têm mais volume ou massa cinzenta na parte do cérebro associada a interpretar as intenções dos outros. Isso significa que, se temos a tendência de acreditar que as pessoas que encontramos são prestativas e boas, mais dispostas a nos ajudar do que a nos agredir, então ficaremos naturalmente mais agradecidos. Faz sentido. O cérebro de pessoas mais agradecidas e menos agradecidas também exibe diferenças em termos de *atividade*. Numa fascinante pesquisa realizada em 2015, os participantes tinham que imaginar serem sobreviventes do Holocausto que haviam recebido ajuda de estranhos. Por exemplo, ouviam que "a mulher da imigração carimbou seu passaporte, e você pode ir para a Inglaterra". Em seguida, os participantes avaliavam quanto se sentiam gratos enquanto os pesquisadores registravam o que estava acontecendo na cabeça deles. As pessoas que citaram sentir mais gratidão demonstraram uma atividade ampliada nas duas regiões do cérebro associadas com processamento emocional e formação de vínculos interpessoais, com julgamentos morais e com a capacidade de entender o estado mental dos outros. Para nós, isso sugere que aqueles com a capacidade inata de sentir mais gratidão também conseguem se conectar melhor com quem está à sua volta, tomar decisões éticas e ser mais solidários.

Nossos genes também podem estar envolvidos nessas diferenças neurológicas, já que nossa configuração genética de fato redunda em variações na disposição geral da pessoa. Um estudo comparou o nível de gratidão sentido normalmente por gêmeos idênticos (como os da série *Irmãos à Obra*) – que basicamente têm o mesmo DNA – em contraste com gêmeos fraternos (como Luke e Leia) que só compartilham 50% do DNA. Não deveria ser surpresa que os gêmeos idênticos sentiam níveis muito mais semelhantes de gratidão do que os fraternos. Outros estudos têm sugerido que existem genes específicos na base de uma disposição naturalmente mais ou menos propensa à gratidão. Em uma pesquisa, os pesquisadores perguntaram a cada membro de um casal se "agradecia ao parceiro por algo que de que gostou", todas as noites, por duas semanas. Os parceiros com um gene variante específico (CD38) agradeceram ao parceiro mais de 70% dos dias, o que, como se pode imaginar, é *muuuito* mais frequente do que a população em geral. É interessante apontar que esse gene participa da secreção da oxitocina no cérebro, um hormônio conhecido como uma das "drogas da felicidade".

Outro gene suspeito é o COMT, envolvido na circulação neuronal da dopamina, conhecido como o "hormônio do prazer", associado à euforia, ao êxtase, à motivação e à concentração. As pessoas com uma variação desse gene disseram que se sentiam mais gratas com a vida em geral, ao passo que as portadoras de uma variante diferente se sentiam menos gratas. O pesquisador dr. Jinping Liu sugere que as pessoas com a variante de menor gratidão podem ser menos sensíveis a eventos existenciais positivos e mais sensíveis aos negativos (que nós, não cientistas, chamamos de "a turma do copo meio vazio").

Segundo o dr. Liu, "essas pessoas podem aos poucos consolidar o hábito de negligenciar os aspectos positivos de eventos existenciais e se queixar dos contratempos, o que resulta em menos traços positivos de personalidade como a gratidão e a capacidade de perdoar". Concordamos com essa explicação, porque todo mundo conhece gente assim. E Peter Bregman, coach, executivo e autor de *Leading with Emotional Courage*, acrescenta: "Acho que essas pessoas não sentem gratidão por si mesmas, então fica difícil sentir gratidão pelos outros".

Portanto, diante de todas essas pesquisas, por que é um mito a ideia de não termos uma "natureza" predisposta a sentir gratidão? Porque a genética e a neurociência também demonstraram que não somos escravos de nossas predisposições.

Os genes não são nosso destino

Nossa personalidade, como nosso temperamento em geral, não é algo fixo. Antigamente, acreditava-se que a personalidade estaria basicamente consolidada após a infância, mas agora os cientistas entendem que nossa estrutura cerebral mostrou ser moldável ou ter plasticidade, no linguajar dos neurocientistas. Isso quer dizer que já não é mais suficiente alegar "Não trabalho com gratidão". Todos nós podemos escolher pôr em prática comportamentos que não nos ocorrem naturalmente – como abraçar os sogros – e, fazendo isso, podemos torná-los mais naturais.

David Gelles realizou um trabalho pioneiro quando estudou a neuroplasticidade dos motoristas de táxi de Londres. Obrigados a memorizar um mapa completo das ruas tortuosas da cidade e seus cruzamentos, além de aprender caminhos alternativos para evitar congestionamentos, os experientes taxistas de Londres exibiram uma massa cinzenta substancialmente mais densa na área do hipocampo – associada à memória e à percepção espacial – segundo os escaneamentos a que foram submetidos, em contraste com os motoristas de ônibus que todo dia fazem o mesmo percurso.[35] Segundo Gelles, um estudo similar com violinistas revelou que "as partes do cérebro associadas com os mecanismos motores da mão esquerda, usados para pressionar as cordas no instrumento, eram muito mais desenvolvidas do que em não violinistas". O cérebro de pessoas que falam um segundo idioma também exibe mais plasticidade. Os pesquisadores concluem que se tornar bilíngue é um feito possível por causa de mudanças funcionais no cérebro, mesmo em fases avançadas na vida. "O córtex parietal inferior esquerdo é maior no cérebro bilíngue do que no monolíngue", explica o dr. Pascal Michelon, do The Memory Practice.

Descobrimos que nosso cérebro se adapta e até muda de acordo com nosso comportamento ao longo da vida. Os cientistas têm a expressão "reorganização cortical dependente do uso", que é a forma acadêmica de falar que os trajetos neuronais que mais usamos se tornam mais fortes. Como dizem alguns neurocientistas, "os neurônios acionados juntos atuam juntos". (Nem todos dizem isso; só os neurocientistas festeiros.)

Então, como podemos começar a reorganizar nosso cérebro para sentir mais gratidão? Vanessa Loder, autora e especialista em liderança, diz o seguinte: "Imagine que seu cérebro tem todos aqueles trajetos neuronais conectando respostas diferentes".[36] Se um funcionário lhe traz um problema, e você sente raiva, isso aciona uma série de neurônios. Pode ocorrer o mesmo com uma situação desafiadora envolvendo seus filhos ou se você fica preso no congestionamento da hora do *rush*.

Loder acrescenta: "Na primeira vez que você aciona a sequência 'Droga, congestionamento, que raiva', é como se estivesse andando numa floresta (em seu cérebro) e abrisse uma trilha na mata, usando uma tábua para atravessar um riacho. Se continuar tendo a mesma reação, você vai fortalecer a 'ponte da raiva'. Sem nem perceber direito, você logo terá criado uma rodovia de cinco faixas que facilita bastante ter uma reação de raiva. Não é mais uma resposta isolada a um estímulo isolado: é um hábito".

A autora acrescenta que se, em vez de sentir raiva, a pessoa tentasse voltar sua atenção para a alegria, a compaixão e a gratidão, ela começaria a construir uma ponte que facilita ter esses sentimentos no futuro: "Aquela única tábua que você instalou pela primeira vez para cultivar a demonstração de apreço pode ser reforçada com o tempo até criar uma resposta habitual de sentir compaixão, gratidão e apreço sem precisar fazer mais nenhuma força conscientemente".

Segundo Romeo Vitelli, psicólogo canadense, o simples fato de ficar mais velho pode criar mudanças positivas na personalidade.[37] Ele afirma que, à medida que amadurecemos, normalmente vamos nos tornando mais agradáveis e conscienciosos, além de desenvolver maior estabilidade emocional e mais gratidão pelos que estão à nossa volta. Conforme nos sentimos mais confortáveis conosco mesmos, nossa personalidade pode inclusive mudar para corresponder à imagem que temos de nós mesmos.

Se essas mudanças podem ocorrer ao longo da vida sem que fiquemos malucos, apenas imagine quanto somos capazes de reconfigurar nossa disposição pessoal se tentarmos de fato fazer isso. Em duas pesquisas publicadas no *Journal of Personality and Social Psychology*, pesquisadores quiseram verificar se as pessoas seriam capazes de mudar aspectos mensuráveis de sua personalidade. No intervalo de apenas 16 semanas, as pessoas conseguiram mudar significativamente sua personalidade, o que também correspondeu a mudanças diárias em seu comportamento.[38]

Não é verdade que todos nós tivemos de nos esforçar e sair de nossa zona de conforto no trabalho, de um jeito ou de outro? Talvez você tenha sido obrigado a ficar mais à vontade com apresentações em público, ou bater papo em situações sociais, ou até a ficar calmo o suficiente nessas ocasiões a fim de realizar um bom trabalho. Quando trabalhamos juntos numa grande corporação, há vários anos, Chester incentivou Adrian a sair de sua zona de conforto e ir almoçar com vários grupos diferentes de executivos numa lanchonete, duas vezes por semana. Embora Adrian naturalmente preferisse comer com sua equipe – as pessoas que conhecia e de quem gostava – acabou construindo relacionamentos importantes com essa diversificação.

Em seu maravilhoso livro *O poder dos quietos*, a autora Susan Cain fala de sua luta para combater a introversão natural de seu temperamento quando era advogada. Ela descobriu que era difícil, nas reuniões, falar de modo assertivo com seus clientes. Mas ela foi adiante e fez uma das palestras do TED mais assistidas de todos os tempos, defendendo a importância de se dar voz aos calados e contemplativos nas nossas empresas. Em seu livro, ela comenta que Rosa Parks, Eleanor Roosevelt, Al Gore, Warren Buffett e até Mahatma Gandhi se tornaram grandes figuras públicas apesar de serem introvertidos (e vamos acrescentar o Leitão, da turma do Ursinho Pooh).

O poder do hábito (da gratidão)

Em seu livro *O poder do hábito*, Charles Duhigg diz que o hábito é a associação de um gatilho que nos faz agir seguido de uma rotina que gera uma recompensa.[39] "Por exemplo, se temos o hábito de comer alguma coisa à tarde, o gatilho pode ser ver o colega a caminho da lanchonete, seguido da rotina de ir com ele, o que nos dá a recompensa de uma dose de cafeína e açúcar", como lembra a autora Katherine Reynolds Lewis.[40]

Para mudar um hábito, precisamos substituir comportamentos indesejáveis por outros, desejáveis. Nesse sentido, vimos muitos líderes se treinarem para tornar a gratidão um comportamento habitual. Eles se esforçam para perceber melhor os momentos em que podem substituir um comportamento que está fazendo as pessoas se sentirem ignoradas por outro em que manifestam gratidão. Assim, por exemplo, quando um vendedor manda um e-mail pedindo um conselho sobre um detalhe técnico de um novo contrato, o gestor pode ensinar a si mesmo a entender isso como uma oportunidade para também expressar gratidão à pessoa por ter conseguido fechar aquele negócio difícil e prestar tanta atenção aos detalhes.

Em resumo, se você está disposto a pensar que simplesmente não é de sua natureza demonstrar gratidão – que ela não ocorre naturalmente para você, pelo menos não no trabalho –, dê um pouco de crédito a si mesmo. Sem dúvida, você pode pegar o jeito. No começo, talvez pareça um pouco estranho ou forçado. "Quem vai querer um elogio tão mecânico?", um líder pode se perguntar. Mas assim que começar a se esforçar para pôr essa atitude em prática mais vezes, ainda que de um jeito meio desajeitado, ele verá que as pessoas reagem bastante bem.

Mesmo aqueles líderes que não se sentem especialmente à vontade com essa prática podem pegar o jeito bem depressa, como afirma David Ulrich, professor da Universidade de Michigan e cofundador do Grupo RBL. Ele nos explicou que a gratidão e outras habilidades psicossociais como a empatia, a escuta e criar significado frequentemente não correspondem ao modelo inconsciente de uma liderança eficaz adotado pelo líder – para o qual "liderar" significa estar à frente e no comando. Ulrich diz que "precisamos adotar a mentalidade em que os líderes empoderam os outros para liderar. Isso acontece quando entramos na cabeça da outra pessoa, quando observamos, ouvimos, perguntamos, encorajamos e comunicamos nosso apreço sincero pelo que fizeram".

Adoramos a história contada por Eric Schurenberg, presidente e CEO da revista *Inc.*, sobre como aprendeu o valor da gratidão quando, ainda jovem, trabalhava na *Time*: "Meu editor era o estereótipo do chefe ranzinza e, quando fui transferido desse grupo para outro trabalho melhor, fiz questão de demonstrar minha gratidão a ele. Para mim, era a constatação de uma verdade: eu jamais teria conseguido essa nova oportunidade se não tivesse trabalhado para ele. E ele ficou muito comovido. Aquele sujeito áspero e emburrado simplesmente se desmanchou, e foi quando me dei conta de como a gratidão é de fato poderosa!".

A gratidão é uma força poderosa e, seja qual for nosso temperamento, podemos torná-la uma parte de quem somos.

6

Mito: Reservo meus elogios para quem merece

Quando sugerimos a um gestor que demonstrasse gratidão a um funcionário do baixo escalão que dava a impressão de se sentir desvalorizado, o líder rebateu: Por quê? Um macaco poderia fazer o serviço dele". Por esse caso extremo de falta de noção, esse sujeito se tornou *realmente* inesquecível!

Os gestores que acreditam no mito de "Poupar os elogios" não expressam gratidão porque cultivam um desrespeito fundamental por alguns tipos de trabalho e de trabalhadores. Para eles, as pessoas são somente um número.

Como ilustrou o programa de televisão *O chefe espião*, em geral o valor agregado por muitas pessoas a uma equipe e em funções auxiliares na organização costuma ser ignorado ou minimizado. Constatamos que departamentos inteiros são comumente deixados de fora quando se trata de atribuir crédito a realizações de sucesso. Em empresas voltadas para vendas, por exemplo, é comum verificar o pouco apreço pelo pessoal do setor de cobranças, ainda que sem essa atividade as vendas não sejam plenamente concretizadas. Da mesma forma, é incomum nas organizações focadas em operações – como construtoras – ver o pessoal do marketing, por exemplo, sendo reconhecido, ainda que façam muito para dar destaque à marca e ajudar a fechar o grande negócio em que todos estão trabalhando.

Quanto aos cargos auxiliares considerados básicos, o que mais gostamos no programa *O chefe espião* é que fica claro como pode ser complexo realizar as tarefas dessas ocupações, sem contar a importância que têm para os clientes propriamente ditos. Quando os executivos se dão conta disso – de como é difícil preparar uma pizza específica em questão de minutos ou separar os itens recicláveis após um turno de oito horas usando barba postiça e os óculos do Mr. Magoo –, não apenas se enchem de admiração como se sentem profundamente gratos pelo talento e pela força de caráter com que todos esses heróis anônimos contribuem, todo santo dia.

Veja mais este exemplo que pode ajudar a mudar a mentalidade predominante. Vem de uma equipe de pesquisa da Universidade de Michigan liderada pelas professoras Amy Wrzesniewski e Jane Dutton, que estudaram os zeladores de um hospital do Meio-Oeste dos EUA.[41] É provável que você concorde que os faxineiros não estão no foco da maioria dos executivos. Em seu estudo, as pesquisadoras descobriram uma funcionária, Candice Philipps, considerada especialmente bondosa pelos pacientes e familiares, o que fazia uma grande diferença durante as internações. As pesquisadoras entrevistaram essa faxineira cujo serviço consistia em limpar o vômito e os excrementos dos pacientes oncológicos que vinham fazer quimioterapia. Tais pacientes, vivendo o pior momento possível, fisicamente doentes, emocionalmente arrasados, com medo, viam se aproximar aquela moça com balde e rodo, exibindo um sorriso cordial, que os tranquilizava.

Sobre seu trabalho, o comentário de Candice foi: "Eles estão no pior ponto, na situação mais vulnerável, e eu os ajudo a manter a dignidade. Faço com que se sentir péssimo e perder o controle não seja um problema. Meu papel é crucial no processo de cura".

Caramba. Quanto isso é verdade – como podem confirmar todos os que já passaram por uma situação dramática como essa ou acompanharam um ente querido nesses tratamentos. Você consegue imaginar alguém como Philipps trabalhando em sua organização? A impressão é que, onde quer que essa pessoa trabalhe, ela vai encontrar um significado para sua ocupação e encantar seus clientes. Alguma dúvida de que ela merece gratidão?

Todos entendemos o prejuízo acarretado quando várias tarefas "simples" são mal executadas. Quem já não teve um péssimo atendimento no serviço de suporte ao cliente, um pedido negado por um bancário de cara amarrada ou pelo funcionário da lanchonete de fast-food que resmunga "Bom dia", sem um pingo de convicção?

Você também nunca vai saber qual funcionário fará uma observação crucial que evitará um problema antes que surja ou fará aquele esforço extra para satisfazer um cliente, fidelizando-o em vez de perdê-lo para a concorrência. Os gestores não podem monitorar todos os muitos momentos diários no trabalho. Por isso, será que não caberia aos líderes tirar proveito da gratidão como um modo positivo de estimular a motivação e encorajar as pessoas a darem seu melhor em cada tarefa?

Desmascarando o princípio de Pareto

Uma preocupação de alguns líderes no âmbito desse mito é a ideia do favoritismo. Ficam preocupados de elogiar naturalmente algumas pessoas da equipe mais do que outras – já que esses funcionários têm alta performance – e, com isso, despertar ciúmes. Alguns podem reclamar que certos colegas são os queridinhos. É verdade que muitos funcionários não têm acesso a todos os detalhes do desempenho de cada membro da equipe, de modo que podem considerar alguns elogios tendenciosos. Vamos fazer alguns comentários a respeito disso. Em primeiro lugar, algumas pessoas serão mais reconhecidas do que outras. Isso é um fato. Cabe ao gestor garantir que a gratidão seja específica e pública para que todos entendam o que está acontecendo.

Em segundo lugar, também cabe ao gestor garantir que todos os integrantes da equipe tenham a chance de receber mostras de gratidão em algum momento. Pode não ser uma situação completamente igual, mas todo mundo deve ter a chance de ser o centro das atenções de vez em quando. O melhor modo de fazer isso é quando o gestor passa algum tempo prestando atenção no que cada um está fazendo, ou seja, quem está ajudando com o serviço de um colega, atuando como mentor de um recém-contratado etc.

O princípio de Pareto – assim chamado em homenagem ao economista italiano Vilfredo Pareto – sugere que 80% dos "efeitos" decorrem tipicamente de 20% de "causas".[42] No âmbito dos negócios, entende-se, portanto, que 20% de nossas tarefas são responsáveis por 80% de nossos resultados, de modo que devemos "aparar" tanto quanto possível os outros 80%. Esse princípio também tem sido usado para argumentar que 20% dos membros de uma equipe geralmente contribuem com 80% do desempenho geral do time.

Embora muitos líderes adotem o princípio de Pareto quando avaliam talentos – e digam que os funcionários de mais alta performance podem responder por uma quantidade desproporcional de ganhos, produtividade e ideias inovadoras –, muitas vezes eles não levam em conta o fato de que têm um grande número de pessoas cujo desempenho é comparativamente médio (ou nada brilhante). Não é uma conclusão lógica, portanto, que inspirando esse grupo maior a melhorar o desempenho a equipe poderia registrar uma melhora generalizada considerável? Existe uma falha fundamental na lógica da ideia de que a gratidão do líder deve ser oferecida apenas a quem ocupa posições importantes e está fazendo um trabalho excepcional.

E quanto aos que não têm resultados tão notáveis? Nosso argumento é que a gratidão pelo que fazem bem, no prazo e de acordo com as expectativas pode ter um efeito catalisador no seu moral e na sua motivação e, portanto, em seus resultados no geral. Alguns gestores responderam que aqueles funcionários que apresentam um trabalho na média provavelmente não vão se empenhar mais; é da natureza deles fazer apenas o aceitável e nada mais. Acreditamos que, na maioria dos casos, a faísca de sua motivação mais profunda foi sufocada por anos de invisibilidade. O efeito de agradecer por sua contribuição pode ser extraordinário.

Mas você não precisa acreditar no que estamos dizendo. Veja esta história que Schon Beechler, hoje em dia uma respeitada professora do Insead (a escola de negócios número 3 do mundo), nos contou sobre a gratidão de que foi alvo por uma contribuição básica, num cargo modesto, logo no início de sua vida profissional.[43] Seu primeiro emprego foi numa fábrica de plásticos em Nova York, onde começou na máquina mais simples de todas e foi avançando até operar um complicado molde de injeção. Cada máquina era operada por apenas uma pessoa, por isso ela não tinha ninguém com quem conversar. Após poucas semanas, o encarregado percebeu que aquela funcionária novata e brilhante estava ficando desinteressada e entediada.

Ela recorda que, "certo dia, ele me mandou para uma máquina que ficava nos fundos da fábrica e fazia as lentes vermelhas de plástico inseridas nos semáforos. Em tom calmo, ele comentou: 'Sabe, este serviço é realmente importante. Quando é bem-feito, o plástico da lente reflete a luz de trás na medida certa para os motoristas enxergarem o farol vermelho quando se aproximam do semáforo. Fazer um trabalho da melhor qualidade nesta máquina ajuda a salvar a vida de muitas pessoas. Acho que você já tem experiência suficiente nas outras máquinas, então posso confiar em você'". Genial.

Depois de tantos anos, Beechler continua falando desse momento como se tivesse acabado de acontecer. A confiança do encarregado teve a maior importância, e ela prometeu que faria o seu melhor. Esse líder fez com que ela se sentisse importante, e Beechler decidiu que iria corresponder ao elogio. A gratidão que ele demonstrou pela contribuição feita e a crença em sua habilidade de dar conta da tarefa a ajudaram a transformar um serviço monótono em algo com significado, "o que me deu energia, foco e engajamento no trabalho, antes completamente ausentes porque eu só podia ver mais uma ocupação monótona", Beechler afirmou.

Além disso, essa injeção motivacional não exigiu nada além de um pouco de generosidade por parte do líder, uma abordagem simples e sincera que qualquer um pode aprender a ter.

Lembre-se disto: nunca se sabe quem será seu próximo *superstar*. Enquanto progredia na carreira, Ken Chenault, presidente aposentado da American Express, nos disse que o melhor reconhecimento que recebeu foi quando lhe disseram: "Confio no seu discernimento. Você pode tomar essa decisão". Outro tipo de reconhecimento que ele realmente valorizou foi: "Essa sua atitude realmente causou impacto em mim".

Percebemos que a gratidão não é um jogo de soma zero; tem muita coisa que pode ser feita. A admiração que sentimos por quem tem alta performance e ocupa cargos importantes não precisa ser em detrimento de outros integrantes da equipe. Um dos aspectos mais notáveis da gratidão é que, mesmo quando é manifestada por tarefas simples, tem um impacto enorme.

7

Mito: É tudo uma questão de dinheiro

Muitos líderes nos disseram que, em sua opinião, a única demonstração realmente significativa de gratidão que podiam oferecer aos funcionários era rechear sua conta bancária com aumentos e bônus. Essa é uma questão complicada, porque dinheiro sem dúvida faz diferença; aliás, distingue os humanos dos animais... isso e usar chapéu. Portanto, é indispensável remunerar as pessoas adequadamente. Em culturas conflituosas, em geral encontramos funcionários fazendo um trabalho de nível mais alto do que sua remuneração ou verificamos que a política de bônus é tão complicada que nem um gênio da astrofísica conseguiria explicar as fórmulas. Muitas vezes, os funcionários não conseguem se beneficiar das recompensas financeiras não por causa de sua performance, mas em razão de desafios comerciais que estão além de seu controle, como as pressões da concorrência, questões regulatórias ou falhas de produto que põem o ano a perder: "Val, você arrasou este ano. Fez um trabalho de fato excelente. Mas a nossa fábrica no Nepal não atingiu a meta, por isso, não haverá bônus".

Claro que os resultados financeiros têm de estar atrelados ao desempenho da organização como um todo. Todos somos parte de um time maior, mas, como disseram Bill Fotsch e John Case em seu artigo para a *Forbes*, "o problema é que, na maioria das empresas, os funcionários não têm a menor ideia de como vão os negócios nem se há alguma chance de receberem um bônus. Se recebem, é como um maná caindo do céu. Se não recebem, as pessoas se sentem enganadas".[44]

Esses autores mencionam uma estrutura de bônus que consideram altamente efetiva e que estava sendo aplicada numa companhia de rápido crescimento de Los Angeles, chamada One Week Bath. Toda semana, a força de trabalho inteira vê uma planilha que mostra o lucro líquido do último ano até aquela data (o que lhes garante seu bônus) e exatamente quanto ganharam até aquele dia. Os funcionários também têm a oportunidade de visualizar o lucro e os bônus previstos para o restante do ano. Os resultados – bons e ruins – são compartilhados toda quarta-feira numa reunião de 30 minutos.

Fotsch e Case questionam: "O que distingue esse bônus? É objetivo, não depende da avaliação de desempenho feita por um executivo. É totalmente transparente. É generoso (equivalia a seis semanas de salário). E é bancado pela própria pessoa: o aumento nos lucros é substancialmente maior do que o que o custo do bônus".

Em nossa experiência, as melhores estruturas de bônus usam esses tipos de elementos e se baseiam numa combinação de organização, unidade e desempenho individual. São voltados a ajudar as pessoas a compreender a ligação entre seu trabalho e a recompensa financeira.

Com níveis de pagamento tão transparentes hoje em dia (graças ao milagre da internet e da revigorante demanda por transparência feita pelos millennials), é importante retificar eventuais desequilíbrios e responder aos pedidos dos funcionários para dialogar sobre remuneração de maneira respeitosa, franca e direta. Temos uma jovem amiga que, no momento, está procurando um novo emprego, apesar de ter sido promovida três vezes em dois anos numa startup de tecnologia em acelerada expansão.

Quando pediu um aumento de salário correspondente a suas novas responsabilidades, o gerente respondeu com "resmungos incompreensíveis".

Remunerações sem equidade podem gerar insatisfação. E ponto.

Isso posto, em geral, existe uma quantidade limitada de dinheiro para ser discutida. Embora a gratidão não seja um jogo de soma zero, a remuneração, por outro lado, quase sempre é. Se alguém recebe um belo aumento, em geral, os outros integrantes da equipe acabam ganhando menos. E sabemos que, para um líder, essas decisões podem ser bastante duras. Isso é especialmente verdade quando você sabe que o seu pessoal está fazendo de tudo para atingir as metas – às vezes irreais, ditadas por escalões mais altos. Tudo isso torna a gratidão ainda mais significativa.

Queremos deixar perfeitamente claro que não estamos sugerindo que a gratidão pode substituir uma remuneração apropriada. Um cartão de agradecimento sincero e na hora certa não vai pagar a prestação do carro em dia. O que realmente queremos enfatizar é que usar só recompensas em dinheiro não motiva as pessoas – não por muito tempo, pelo menos – e pode até sair pela culatra. Como comprovamos numa grande companhia que visitamos, os funcionários e os gestores se queixavam da sofisticada estrutura de bônus que prometia fortunas. No entanto, os trabalhadores achavam que a companhia não fornecia o apoio necessário para atingir as metas, de modo que todos terminaram odiando o sistema e ninguém conhecia algum colega que tivesse ganhado o prêmio.

Por que dinheiro não tem tanto efeito

O foco apenas em recompensas monetárias pode criar um ambiente mercenário do qual as pessoas podem sair por qualquer ninharia a mais. Algumas das empresas com os salários mais altos que estudamos registram índices insanos de rotatividade. O segmento que atualmente tem a rotatividade mais elevada é o de tecnologia; seus índices de atrito superam os do varejo.[45] E qual é a razão número um que leva valiosos programadores e administradores de rede a pedirem as contas? A remuneração. Quando você cria uma cultura em que o dinheiro dita as regras, vai ser assim.

Em nosso trabalho de consultoria, encontramos outro motivo por que a recompensa monetária em geral não tem como resultado um profundo sentimento de gratidão: as recompensas são escassas e esparsas e costumam acontecer nas avaliações anuais, de modo que são vistas como uma questão de processo gerencial, mais do que como uma expressão de gratidão sincera por um trabalho valorizado. As pesquisas sobre dinheiro e bônus equivalentes a dinheiro surpreenderão aquele chefe que pensa que bônus são motivadores poderosos. Quando perguntamos aos funcionários como gastaram seu último bônus, a principal resposta foi "pagar contas", e a segunda foi "não lembro".

Acreditamos que recompensas significativas, bem direcionadas, podem ser extremamente poderosas. Enquanto trabalhava como gestor no mundo corporativo, um de nós queria gratificar uma funcionária fantástica por um projeto. Foi pedida inclusive a autorização do CEO para isso. A funcionária e o marido estavam construindo uma casa nova, e isso fez surgir a ideia de presenteá-la com as ferramentas elétricas que lhe ofereceriam a desejada ajuda orçamentária. Sabíamos que a funcionária ia adorar o presente. O CEO explicou que um gasto com uma gratificação desse tipo não seria permitido, mas disse que aprovaria um aumento no final do ano – dali a cinco meses. Assim, o que poderia ter sido uma maneira tocante e memorável de demonstrar gratidão por um trabalho notável se transformou em apenas mais um ritual de avaliação de desempenho.

As pesquisas demonstram que gratificações monetárias sozinhas têm um efeito limitado sobre a motivação e, por extensão, sobre o desempenho, especialmente depois que o funcionário já atingiu um nível de renda confortável. Nossos dados da Avaliação de Motivadores envolvendo 75 mil pessoas mostram que o "dinheiro" é classificado em último lugar entre os 23 motivadores mais comuns, e isso inclui pessoas de 60 a 20 anos de idade. Somente 10% de todas as pessoas colocam o dinheiro entre os sete principais motivadores. Para a maioria, o salário é o que chamamos de questão de limiar. Em outras palavras, assim que o funcionário cruza esse limiar e passa a receber uma remuneração que lhe permite pagar as contas, outros fatores além dessa quantia passam a ser mais motivadores.

Um estudo separado, de 2012, realizado por pesquisadores alemães e suíços identificou que itens tangíveis, como o presente das ferramentas elétricas que citamos acima, são muito mais motivadores para os funcionários do que bônus em dinheiro.[46] A maior motivação era saber que o chefe valorizava seus esforços. Isso tinha um efeito mais duradouro sobre a motivação.

Outro problema de uma recompensa monetária como sinal de gratidão é que algumas metas não podem ser vinculadas a números. Em certos casos, atribuir uma métrica pode ser uma atitude rude e efetivamente desvalorizar o esforço e o significado do trabalho. Colocar um valor em moeda para a conclusão de um projeto prolongado, por exemplo, pode confundir o funcionário ou até desmotivá-lo se ele tiver dedicado muito tempo e esforço à tarefa ou se acreditar que tem mais implicações significativas para o sucesso da companhia do que o dinheiro a mais que aparecerá no contracheque seguinte. Além disso, alguns trabalhos simplesmente não se prestam aos tipos de medida usados por tantos pagamentos de salários e bônus. Mesmo no caso das vendas, o número de unidades vendidas pode não refletir a dificuldade de um serviço designado para o vendedor. Houve uma equipe de vendas que dava pesadelos aos novos representantes comerciais, os quais deveriam buscar vendas em territórios que eram verdadeiras colchas de retalhos, enquanto os melhores clientes eram companhias atribuídas a vendedores veteranos de outras áreas. Tendo a classificação trimestral disponível para todos verem nos quadros de avisos, os novos vendedores estavam enlouquecendo na tentativa de acompanhar os resultados. A maioria foi embora depois de pouco tempo.

Outro desafio do bônus em dinheiro é que o funcionário tende a manipular o programa quando há dinheiro envolvido, descobrindo maneiras de contornar as regras e tentando tornar as condições favoráveis para si mesmo. Certa vez fomos convidados a dar uma palestra para o grupo de vendas de uma grande empresa de tecnologia. Enquanto batíamos papo com um dos funcionários de melhor desempenho durante um evento de confraternização, ele nos disse que tinha conseguido um bônus na semana anterior vendendo uma nova solução para um cliente. "Que boa notícia!", dissemos. "E para que o cliente está usando esse produto?"

Ele disse que não sabia e não se importava.

Quando é o dinheiro que fala mais alto, as pessoas costumam dar muita atenção ao prêmio, em vez de fazer o que é melhor para o cliente.

Alguns casos recentes servem para ilustrar bem essa questão, melhor do que quando o CEO do Wells Fargo, Tim Sloan, autorizou uma estrutura de bônus que levou milhares de funcionários a criar, em segredo, contas-correntes e linhas de crédito não autorizadas para clientes sem o conhecimento deles.[47] Sloan comentou com toda a inocência que "havia um plano de incentivos em nosso banco de varejo que resultou em condutas inadequadas". As contas falsas permitiram aos funcionários elevar seus índices de venda e ganhar mais dinheiro.

Claro que não estamos sugerindo que o pagamento de salários e bônus não deva estar atrelado ao desempenho. Os programas bem elaborados podem surtir efeito satisfatório sobre toda a força de trabalho, mas, quando a gratificação está voltada somente aos números e quando todas as gratificações são em espécie, a companhia e seu pessoal podem perder o rumo.

As organizações de cultura mais ponderada complementam discussões importantes sobre salários levando igualmente em consideração contribuições mais qualitativas feitas pelos funcionários e equilibrando críticas com elogios verdadeiros.

8

Mito: Todos vão achar que sou uma pessoa falsa

Como posso simplesmente chegar um dia e ser uma nova pessoa, distribuindo elogios para todo lado? Ouvimos diversas versões dessa pergunta e entendemos o motivo da preocupação. Se um chefe tem estado tão ocupado que nem levanta a cabeça, fica entocado na sua sala o tempo todo ou está constantemente fora do escritório em reuniões e, do nada, começa a circular pelas mesas distribuindo tapinhas nas costas das pessoas ou agradecimentos, quem não pensaria que alguma coisa está errada? Também ouvimos comentários desse tipo, externando alguma preocupação, como um gestor que nos disse: "Vai parecer que estou tentando manipular todo mundo". O que poderia ser verdade se a gratidão não for sincera (vamos falar mais sobre isso daqui a pouco).

Quanto ao primeiro ponto – o chefe em transformação –, podemos dizer que, a menos que haja uma completa falta de confiança por parte da equipe (o que é raro e, se você é esse tipo de líder, não teria chegado a este ponto do livro), os gestores podem ter certeza de que os funcionários vão gostar de uma mudança desse tipo, por mais que tenha sido negligente ou intolerante no passado. Os seres humanos costumam apoiar o esforço que alguém faz para mudar seu comportamento de maneira positiva, especialmente se isso os beneficia.

Sendo francos, faz parte da natureza humana torcer pelas pessoas que querem crescer e mudar, inclusive – e talvez em especial – o chefe. Adoramos assistir a transformações. Gordon Ramsay construiu um verdadeiro império baseado nessa premissa, e a HGTV tem uma rede completa de canais dedicada a esse processo. Praticamente todo filme popular tem um personagem que se transforma, de Katniss Everdeen (*Jogos vorazes*) a Fiona (*Shrek*). Basta lembrar de Marty McFly, em *De volta para o futuro*, que deixa de ser o bobalhão da escola e se torna um herói que viaja no tempo, quase da noite para o dia. "Acho que esse tipo de coisa acontece quando os pais deixam o filho ir à garagem de um velho esquisito. Viajar no tempo é, na realidade, o melhor desfecho possível para essa situação, se você pensa a respeito", brincou o ator David Christopher Bell.[48]

Como seres humanos, somos preparados para conceder o benefício da dúvida a quem está tentando fazer mudanças positivas na vida. Aqui, um ponto importante para os líderes é ser franco com a equipe sobre como perceberam que era preciso mudar. Demonstrar mais gratidão é uma forma de respeito e, qualquer momento em que o líder indicar que quer ter certeza de que está mostrando o devido respeito pela equipe, essa atitude será bem recebida. Reconhecer abertamente posturas negligentes ou ásperas do passado, ou comentar que esteve todo esse tempo tão focado em tentar cumprir um cronograma inclemente que acabou jogando o estresse em cima da equipe, faz parte do processo. É verdade que nada disso será fácil de dizer, mas a honestidade será valorizada por todos os que estão trabalhando com ele.

Como diz nosso amigo Marshall Goldsmith, uma mudança dessas requer coragem, humildade e disciplina. Segundo ele, a coragem tem a ver com se olhar no espelho, sair de sua zona de conforto e ser vulnerável enquanto tenta coisas novas. Marshall se expressa lindamente quando diz que "não existe conforto na zona de mudança, e nenhuma mudança na zona de conforto". Quanto à humildade, ele salienta que é uma marca dos melhores gestores. Jim Collins ficou famoso ao constatar que os gestores mais fortes que estudou para o clássico *Empresas feitas para vencer* – os quais ele chamou de líderes nível 5 – exibiam uma poderosa mistura de humildade pessoal e vontade indômita.[49] Embora incrivelmente ambiciosos, essa ambição, antes de tudo, era pela causa, pela organização e por seu propósito – e não uma questão pessoal.

Hubert Joly, CEO aposentado da Best Buy, estabeleceu uma conexão fascinante entre fazer mudanças no estilo de liderança e adotar uma nova postura em relação à elegância e à disponibilidade. Ele nos disse que "aquilo que realmente me ajudou como líder e me ensinou a importância da gratidão foi começar a ver todo mundo como meu cliente: nossa equipe é meu cliente, minha diretoria é meu cliente... o garçom é meu cliente. Nossa tendência natural é tratar bem o cliente".

O desafio da autenticidade

Faz parte da condição humana se preocupar com o modo como seremos vistos quando passamos por uma transformação como essa; é algo que constitui a nossa própria natureza. A ironia é que justamente quando tentamos controlar o modo como os outros nos veem é que damos a impressão de *não* sermos autênticos. Também nos impedimos de perceber elementos importantes na maneira como de fato somos vistos. Se os líderes pudessem ver o filme de sua atuação, acompanhando como são vistos pela equipe, muitos ficariam chocados. Não seria difícil constatar que, sem dúvida, os integrantes da equipe seriam receptivos a uma mudança, ainda que no começo não pareça a coisa mais natural do mundo.

Em resumo, é preferível que um chefe explique a seus subordinados diretos que ele quer ter certeza de que está melhorando em demonstrar gratidão. A chave é se essa intenção é mesmo genuína e se a pessoa se mantém fiel a esse propósito. Ao enfatizar que a disciplina é necessária para efetuar uma mudança autêntica, Goldsmith explica que isso significa não desviar do novo caminho, uma vez que inevitavelmente surgirão dificuldades.

Pense nisto: quantas vezes você conversou com amigos e entes queridos sobre um chefe que eles gostariam que mudasse de atitude? Imagine que um dia eles digam: "*Finalmente*, ele me disse que faço boas apresentações. Já estava na hora!". Vai levar algum tempo até você se convencer de que o chefe estava sendo sincero e realmente havia mudado? Com certeza. Mas o choque se desfaz assim que as demonstrações de gratidão se tornam regulares. Comprovamos que as pessoas podem ser incrivelmente generosas com sua capacidade de valorizar o fato de estarem sendo valorizadas. A energia e o clima de toda a equipe podem ser transformados com uma rapidez notável.

Conhecemos um líder que nos disse ter realizado uma transformação total no valor de se expressar gratidão. Fundador e presidente de uma das empresas de marketing de conteúdo mais bem-sucedidas do país, a Likeable Media, Dave Kerpen nos contou que, no início da carreira, era cético quanto à gratidão. "Sou cético diante de qualquer coisa que pareça boa demais para ser verdade. De que maneira um sentimento como a gratidão afetaria meus negócios ou me faria ganhar mais dinheiro? Não faz sentido. Mas eu continuava ouvindo falarem três, quatro, cinco vezes dessa coisa da gratidão, de pessoas que eu sabia que eram bem-sucedidas e que eu respeitava. Pensei que, no mínimo, precisava dar uma chance e testar".

Em sua pesquisa para escrever *Likeable Business*, Kerpen conversou com mais de 200 CEOs: "Fiquei surpreso. O tema mais comum que ouvi foi o exercício da gratidão. O fundador do Restaurant.com disse que começa o dia fazendo uma lista das coisas e das pessoas pelas quais é grato. Sheldon Yellen, CEO da Belfor, manda notas de agradecimento aos funcionários no dia do aniversário, o que é surpreendente já que tem mais de 50 mil funcionários. Todo dia ele escreve cerca de duas dúzias de bilhetes à mão. Foram atitudes como essas que me fizeram pensar que aquilo significava alguma coisa. E foi o que me ajudou a começar a dar atenção à gratidão na minha vida".

Uma atitude que deu resultados. Não apenas a Likeable Media é uma das empresas de marketing que mais crescem na cidade, como foi considerada um dos "Melhores Lugares para Trabalhar em Nova York" por quatro anos seguidos.

Sem compromisso

Sobre a preocupação de que as pessoas pensem que você está tentando manipulá-las, há uma regra simples: não condicione uma coisa a outra. Alguns líderes com os quais trabalhamos disseram que, em sua opinião, as pessoas vão pensar que se trata de suborno verbal para atender aos interesses da pessoa que está fazendo o elogio. Provavelmente todos já passamos pela situação do chefe que nos agradece por algo com segundas intenções: "Que trabalho excelente com a conta do Rimsky, Sue! Agora eu gostaria que você cuidasse de dois contratos ainda maiores!". É uma tática que até pode funcionar por algum tempo. Os funcionários que se sentem lisonjeados às vezes caem na armadilha de ficarem felizes com o excesso de trabalho, mas essa é uma forma horrível de gestão. Não apenas essas pessoas acabarão exauridas até o limite com o passar do tempo, como vão perceber que foram exploradas. E a notícia da tática do líder vai se espalhar como fogo ou, nos termos atuais, como uma repostagem no Instagram do vídeo de um incêndio. Em pouco tempo, os colegas tomarão consciência do estilo de liderança daquela pessoa.

Expressar a gratidão autêntica é muito mais uma questão de *por que* o líder faz isso do que *o que* ele diz ou *como* diz. A maioria dos funcionários é bastante sensível a isso. Assim, pelo lado positivo, se você estiver sendo genuíno – ainda que essa sua atitude seja inesperada, e seu estilo ao manifestá-la pareça desajeitado no começo –, as pessoas vão perceber a sua sinceridade. Afinal, você estará dando valor a comportamentos que considera importantes, e esse é o primeiro passo para assegurar a sinceridade.

Mas precisamos mencionar outro aspecto da sinceridade. Alguns gestores contam que têm em suas equipes pessoas de quem francamente não gostam. Então é um incômodo fazer um elogio a elas. Também acreditam que, se o fizerem, com exceção de a pessoa ter feito um trabalho realmente especial, o elogiado não iria acreditar. Bom, para evitar um termo muito técnico aqui, problema seu. Quando o líder não gosta de um funcionário, essa pessoa em geral tem bastante consciência disso. E entendemos a preocupação. Todos os gestores se deparam com esse problema em algum momento da carreira. O importante aqui é lembrar que mostrar gratidão no trabalho não significa criar uma amizade. A questão é você desenvolver habilidades profissionais de liderança. Você deve superar seu lado mau e recompensar as pessoas pelos avanços que dão, não por sua personalidade. Com os conselhos que daremos na segunda parte do livro, mesmo nos casos mais espinhosos o líder vai saber como demonstrar gratidão com sinceridade, o que será reconhecido por toda a equipe.

É sobre isso que falaremos a seguir.

PARTE II
As oito mais poderosas práticas de gratidão

Chegou o momento de colocar a mão na massa.

Nesta parte do livro, identificamos as oito abordagens mais eficientes que encontramos para demonstrar gratidão em nosso trabalho com líderes do mundo inteiro. Comprovamos que, à medida que os gestores adotam essas atitudes, as equipes os veem como autênticos e motivadores, o que geralmente vem acompanhado de uma melhora no moral e no engajamento.

Reunimos esses conceitos em duas categorias: enxergar e expressar.

Enxergar diz respeito ao modo como os líderes podem garantir que vão identificar o ótimo trabalho que estiver sendo feito. Expressar inclui as melhores maneiras como vimos os líderes verbalizarem e demonstrarem seu agradecimento.

Esperamos que você queira adotar imediatamente algumas dessas práticas, por isso fique à vontade para escolher as que mais o atraírem. Não há necessidade de tentar praticar tudo ao mesmo tempo, e a receita que vai funcionar melhor será diferente para cada pessoa. Entender isso é parte da diversão. Descubra quais são as atitudes que lhe parecem mais naturais e talvez uma ou duas que vão exigir mais esforço.

Como você vai ver, os líderes que vamos apresentar nos próximos capítulos foram notavelmente inovadores em sua abordagem. Disseram que adoraram descobrir pequenas coisas ao seu alcance, gestos simples, mas muito significativos para seu pessoal.

Esses gestores obtêm muita satisfação de seus exercícios de gratidão, e temos certeza de que será assim com você também.

Enxergar

9

Peça contribuições e aja com base nelas

Henry David Thoreau talvez estivesse falando pelos funcionários quando escreveu que "o maior elogio que alguém já me fez foi pedir minha opinião e levar a sério o que eu disse".

Pouco depois de começarmos a trabalhar com o líder de uma fábrica, tivemos a sorte de estar presentes quando ele reuniu seus 2 mil funcionários para explicar a dura realidade da situação da empresa: as vendas tinham caído, as despesas, aumentado, e a concorrência vinha trazendo soluções inovadoras e entregas mais rápidas. Numa excepcional demonstração de humildade, ele admitiu que precisava da ajuda deles e disse: "Vou dizer para vocês como vamos salvar a empresa. Eu não sei, mas se a engenhosidade humana pode produzir milagres, então vamos conseguir. E farei tudo o que estiver ao meu alcance para ter sucesso. Mas o meu poder não inclui todas as ideias, nem toda a engenhosidade, nem todo o esforço em conjunto de que necessitamos. Meu cérebro não contém todas as respostas, mas vou saber reconhecer uma boa quando a ouvir. E serei grato a essa pessoa.

"Nosso futuro está na cabeça de vocês coletivamente. Juntos, podemos ser Albert Einsteins; podemos ser gênios. O que vocês acham, vamos conseguir?"

Os funcionários aplaudiram, e então voltaram para suas estações de trabalho. Infelizmente, é nesse ponto que costumam acabar as boas intenções, mas esse líder começou imediatamente a mostrar que falava sério. Ele passava horas, todos os dias, percorrendo os cubículos do escritório e as unidades do chão de fábrica. Fazia perguntas inteligentes. Prestava atenção. A porta da sala nunca estava fechada. Nem uma única vez.

As ideias começaram a surgir, apesar da hesitação de início. Ele nos chamou depois de dois sujeitos grandes, usando macacão de serviço, terem entrado em sua sala, um tanto intimidados, e perguntado se podiam falar de um conceito que poderia reduzir o tempo de produção em sua unidade. O CEO ficou empolgado e começou a divulgar iniciativas desse gênero, deu crédito a quem teve a ideia e, logo, várias outras foram propostas. Qual foi o resultado? Três anos depois daquele pronunciamento, a companhia de 75 anos reduziu o tempo de manufatura dos produtos – de duas semanas para seis horas – e aumentou as vendas em mais de 20%, ao mesmo tempo que reduziu de fato os custos e a perda de funcionários por desgaste.

Claro que a recomendação de pedir ativamente ideias novas aos funcionários não é novidade, mas em nosso trabalho é raro vermos gestores adotando essa prática. Ainda mais raro é vê-los colocando em prática as sugestões. Na verdade, muitas dessas ideias não serão viáveis e, sim, algumas pessoas vão se aborrecer se suas contribuições não forem implantadas e você não explicar por quê. Porém, discutir abertamente as razões pelas quais essas ideias não são viáveis e externar um apreço autêntico pela colaboração são atitudes que garantem para elas que você pensou sobre aquilo com cuidado.

Quando discutimos essa ideia com os gestores, descobrimos que muitos ficam desconfiados. Houve quem nos dissesse que "os funcionários sempre acham que sabem como dar um jeito nos negócios, mas na realidade não entendem as questões". Bem, considere esta uma ótima oportunidade para realmente se comunicar com eles e explicar aspectos da organização, do mercado, do segmento comercial e das limitações que talvez desconheçam.

Por exemplo, um gerente de fábrica com quem estávamos conversando disse que um dos funcionários da contabilidade tinha sugerido que a empresa abrisse para visita de escolas, a fim de estimular o interesse de futuros trabalhadores em potencial. O gerente deduziu que toda a sua equipe saberia por que essa ideia era péssima: a companhia usava substâncias tóxicas (inclusive cianaureto na eletrogalvanização), e o risco de ter crianças no prédio era alto demais. Ao explicar isso na reunião geral seguinte, ele ficou surpreso ao descobrir que não só seus contadores como muitos outros não tinham entendido o problema. Um funcionário comentou: "Achei que sua preocupação fosse alguém roubar alguma coisa".

Para concluir seu relato, esse gerente nos disse que continuou pensando sobre essa discussão e, finalmente, com a ajuda de um time de funcionários interdepartamental, conseguiu abrir a fábrica ao público dois sábados por ano, com visitas cuidadosamente organizadas sob a supervisão de voluntários. No dia da primeira visita, a fila dava a volta no quarteirão. Ninguém se feriu, nada foi furtado e a comunidade teve a chance de ver as inovações que os funcionários estavam criando.

Outra objeção comum a solicitar ideias é: "Não quero que o meu pessoal se preocupe com o que está errado. Eles já são negativos demais. Precisam parar de achar pelo em ovo e fazer o trabalho!". Sem dúvida essa é uma observação válida, mas também é responsabilidade do chefe assegurar que os funcionários se concentrem em ideias de soluções *positivas* que o time possa efetivamente pôr em prática.

Apresentações de dança country e um *mac and cheese* melhor

Um líder que admiramos faz tempo por sua habilidade de inspirar ideias positivas em seus funcionários é Kent Taylor, fundador, CEO e presidente da Texas Roadhouse. Essa empresa tem quase 600 restaurantes e é um dos conceitos mais lucrativos do setor de refeições informais. Além disso, a Texas Roadhouse não gasta um centavo em publicidade na mídia de grande alcance, porque não precisa.

E qual é o segredo desse sucesso? Taylor explica: "Como líder, você levanta da cadeira e vai visitar as pessoas nas lojas ou onde quer que esteja seu negócio. E quando se depara com uma ótima ideia, escreve uma nota de agradecimento para a pessoa. Já devo ter mandado umas 30 notas só este mês".

Taylor não hesita em atribuir o crescimento da companhia à equipe de quase 60 mil funcionários. Ele conta que ouve o que essas pessoas têm a dizer porque ninguém lhe deu atenção quando ele estava lutando para progredir profissionalmente. Quando trabalhou numa cadeia de lojas de frango frito, no início da carreira, Taylor contou que "entrou numa enrascada quando tentou mostrar que o futuro estava nos sanduíches de frango, nos petiscos empanados e nesse tipo de opção que não tínhamos na época. Basicamente, o que disseram foi: 'Estamos bem assim'".

Mas a Texas Roadhouse tem se beneficiado de vozes que vêm de toda parte. Uma das coisas que tornaram a cadeia famosa são as apresentações de dança country – os atendentes e recepcionistas apresentam pequenas coreografias ao som da música que toca de tempos em tempos ao longo da noite. Essa ideia veio de um gerente de loja rebelde. Taylor lembra que, "quando eu tinha umas 20 lojas, meu chefe de operações disse que tinha um filiado no Kentucky que estava quebrando as regras. Ele fazia a equipe dançar. Fui lá ver como era e achei genial. Então, divulguei a ideia para todos na empresa".

Todos os gerentes de loja têm o número do celular de Taylor e não têm medo de ligar. Como ele nos contou, "recentemente, recebi uma ligação de um de nossos gerentes de área. Servimos *mac and cheese* no nosso cardápio infantil. A filha desse funcionário tinha feito um livrinho mostrando por que esse nosso prato era uma porcaria. Estamos testando nos restaurantes da área uma receita caseira de *mac and cheese*. Achei ótimo ele sentir segurança para me mandar essa informação".

Taylor também solicita feedback ativamente, em particular de quem tem contato direto com os clientes. Em muitos domingos à noite (depois do movimento do fim de semana), ele telefona para algumas lojas aleatoriamente e pede para falar com meia dúzia de atendentes para saber se os clientes estão gostando ou não das novas opções do cardápio. Quando visita pessoalmente um restaurante, sua primeira parada são os atendentes; depois, ele vai para o depósito de carnes, para a cozinha e, por último, fala com o gerente da loja: "Sei se o gerente está mentindo ou não porque já conversei com a equipe".

A Texas Roadhouse está prosperando, o pessoal segue engajado e os clientes estão felizes. Segundo ele, "não tem mistério. Colocamos a equipe em primeiro lugar, e os clientes, em segundo. O modo como tratamos nossos funcionários se reflete no modo como eles tratam o público". *Ih-ha!*

Evitar perguntas excessivas

Não estamos dizendo que não surgem possíveis problemas ao solicitarmos ideias. Alguns serão por culpa do próprio líder; por exemplo, conhecemos um gestor que tentou se envolver com a linha de frente, mas, em vez de ter ideias para aprimorar as atividades, ele acabou criticando ainda mais a equipe. Os funcionários começaram a se referir a ele pelas costas como Gaivota, por causa da tendência de se jogar sobre os funcionários por tempo suficiente para infernizá-los e depois ir embora.

Como líderes em coaching, tentamos oferecer diretrizes para fazer isso direito. Uma das primeiras sugestões é evitar perguntas excessivas: esperar demais dos funcionários e fazer perguntas fora de sua alçada (por exemplo, "como resolver nossos problemas de precificação?"). Apenas um grupo bem pequeno de funcionários na organização inteira teria ideias sobre como lidar com coisas tão complexas, e esse tipo de pergunta pode fazer com que todos se sintam diminuídos. Outro problema dessas perguntas, como aponta Hutch Carpenter, que escreve sobre inovação, é fazer muitas ao mesmo tempo.[50] Por exemplo, um dia ouviu um líder perguntar: "Como podemos nos tornar mais competitivos? Pensem em termos de novas fontes de rendimento, aumento na eficiência, trabalho sem valor agregado, melhores margens etc.". A crítica de Carpenter foi: "Rendimento, eficiência operacional, burocracia, margens, tudo na mesma pergunta. Que até incluiu um 'etc.', o que, essencialmente, é o mesmo que pedir ideias sobre tudo e mais um tanto".

Outra diretriz: atente para a "especificidade certa", para fazer a pergunta certa para a pessoa certa do jeito certo. Por exemplo, "Como podemos reduzir o consumo de combustível enquanto fazemos entregas?" é uma pergunta voltada para ideias sobre enxugar os gastos com gasolina por todos os que, mesmo remotamente, estão envolvidos no processo de despachar a mercadoria. Porém, perguntar "Como podemos melhorar o sistema de entrega dos produtos aos clientes?" pode ser mais pertinente se você está buscando soluções mais diretas e criativas para aprimorar seu serviço de transporte. As duas indagações podem ser maneiras eficazes de solicitar ideias, mas uma ou outra terão melhor resultado se suas necessidades e expectativas forem mais específicas (menos gasto com combustível) ou mais gerais (como impressionar o cliente ao fazer uma entrega). E descobrimos que se essas ou outras perguntas envolverem uma pizza, as respostas vão aumentar milagrosamente.

Como obter boas ideias

Vimos líderes alcançar um sucesso estrondoso quando pedem um conselho e o colocam em prática, mas isso não precisa ser um processo formal, nem aumentar a carga horária de um dia já bem cheio. Um desses casos foi Quint Studer, que ficou famoso como mestre em reviravoltas quando foi administrador do Hospital Batista, em Pensacola, na Flórida, com 492 leitos.[51]

Quando assumiu o cargo, em vez de estacionar perto da entrada do prédio, na vaga reservada, Studer decidiu parar sempre na vaga mais distante. Desse modo, ele teria a chance de conversar com um ou dois funcionários toda manhã, durante a longa caminhada até o hospital. Além disso, ele também percorria diariamente o prédio todo e se apresentava: "Olá, sou o Quint, o novo administrador. Trabalho para você. O que eu deveria fazer hoje?". Ele nos contou que, a julgar pela reação dos funcionários, ele achou que muitos iam sugerir um exame de urina.

Um dia, uma enfermeira resolveu se abrir e dizer: "Hoje, quando eu for embora à noite, vai estar escuro. O bairro é perigoso. Estaciono perto das moitas, e faz meses que não são podadas. Tenho medo de ter alguém escondido ali quando eu for até meu carro. Você poderia mandar podar as moitas?". Durante as 12 horas seguintes, enquanto ela cumpria seu turno, Studer mandou podar as plantas e conseguiu até que o pessoal da manutenção instalasse uma pequena cerca. A enfermeira não só ficou impressionada como comentou o ocorrido com os colegas.

A história dela e outras se espalharam pela organização, e as pessoas acabaram entendendo que Studer ia respeitar o que elas dissessem e tomar uma atitude, se pudesse. Mais sugestões começaram a chegar, e aconteceram algumas coisas notáveis. Os funcionários passaram a trabalhar com mais dedicação. O índice de satisfação dos pacientes – que antes oscilava entre 9% e 40% – subiu para 99% no comparativo nacional com outros hospitais. A rotatividade caiu em 18%, e as finanças se estabilizaram. A agência Moody elevou o valor das ações, e o Hospital Batista foi considerado pela revista *Forbes* um dos cem melhores lugares para trabalhar no país.

Felizmente, a experiência do Hospital Batista não é uma exceção nas organizações que estudamos. Todo dia, os trabalhadores encaram desafios em sua jornada, e cada um desses problemas pode suscitar ideias de melhorias. Os melhores líderes colhem essas ideias para aprimorar o desempenho. Na Amazon, por exemplo, a intranet da companhia tem um dispositivo on-line para sugestões no qual os funcionários podem postar qualquer proposta que acreditem que pode melhorar a empresa, e foi nessa caixa de sugestões que a entrega gratuita foi proposta por Charlie Ward, um engenheiro de software.[52] A ideia deu origem ao programa "Prime", um sucesso absoluto de público. A British Airways lançou sua própria caixa virtual de ideias e pediu que todo funcionário ajudasse a reduzir as emissões e a enxugar a conta do combustível. Uma das ideias "malucas" foi reduzir o peso das aeronaves descalcificando os encanamentos dos banheiros (não pergunte; você não vai querer saber), e essa ideia já cortou a conta pela metade, gerando uma economia de quase um milhão de dólares ao ano.

Um círculo virtuoso

Solicitar ideias e levá-las em consideração de fato não é apenas uma excelente maneira de encontrar melhorias, é uma forma de elevar o moral. Por quê? A abordagem certa para a geração de ideias cria um círculo virtuoso, segundo Alan Robinson e Dean Schroeder, professores da Universidade de Massachusetts Amherst e da Universidade de Valparaíso.[53] A pesquisa da dupla verificou que os funcionários se mostram mais engajados quando percebem que as ideias sugeridas estão sendo usadas. Já os gestores, ao ver o impacto das ideias da equipe, tendem a dar mais autoridade ao pessoal, o que leva a mais e melhores ideias.

Eles destacam o caso da Idemitsu, uma companhia de petróleo japonesa que, em média, recebe mais de cem ideias de cada funcionário, sem oferecer nenhum bônus por isso. Afinal, planos de inovação baseados em recompensa em dinheiro, como oferecer uma porcentagem da economia ou do lucro decorrente de cada ideia, pode acabar sendo contraprodutiva, o que gera uma enorme quantidade de trabalho sem valor agregado e também prejudica a confiança e o trabalho da equipe. O sucesso também pode ser prejudicado quando os programas de ideias requerem múltiplos níveis de aprovação ou quando ferramentas simples de apresentação das ideias não são disponibilizadas aos funcionários.

A Idemitsu e outras organizações inovadoras descobriram que a maioria dos funcionários tem muitas ideias e sente orgulho de contribuir para o sucesso da empresa. A forma mais eficaz de reconhecimento por essas ideias é quando o líder consegue colocá-las em prática rapidamente e dar o devido crédito – não dinheiro – aos funcionários envolvidos.

RESUMO DA PRÁTICA
Solicitar ideias e colocá-las em prática

- Solicitar input ativamente dos funcionários não é um conceito novo, mas poucos gestores fazem isso bem.
- Embora algumas ideias não sejam viáveis, e alguns funcionários possam ficar chateados porque sua contribuição não foi usada, discutir abertamente por que essas ideias não são viáveis e expressar um agradecimento autêntico pela tentativa deixa claro para os trabalhadores que o chefe lhes deu a devida consideração.
- Evite perguntas excessivas, ou seja, ter expectativas exageradas em relação aos funcionários fazendo perguntas que estão além de seu alcance, ou formulando muitas ao mesmo tempo.
- Não se esqueça da especificidade: a pergunta certa para a pessoa certa, do jeito certo. Perguntas gerais – por exemplo, como impressionar melhor o cliente ao fazer uma entrega? – encorajam sugestões abertas e um grande volume de ideias, ao passo que uma questão mais específica – por exemplo, como podemos cortar o custo dos combustíveis? – funciona melhor se o líder está buscando respostas para uma necessidade mais precisa.
- Solicitar ideias e colocá-las em prática melhora o moral. Algumas pesquisas demonstraram que os trabalhadores se tornam mais engajados quando veem suas ideias em ação, e os gestores, ao comprovar esse impacto, tendem a dar mais autoridade ao seu pessoal.
- Os planos de gratificação em dinheiro em troca de ideias podem acabar sendo contraproducentes. A inovação também pode ser prejudicada quando os programas de ideias exigem múltiplos níveis de aprovação ou quando não são fornecidas ferramentas simples para a apresentação de ideias.

10

Assuma uma intenção positiva

Queríamos ganhar um dólar cada vez que um líder nos dissesse algo como "Às vezes parece que sou o único por aqui capaz de fazer as coisas direito!". Depois, eles nos trazem exemplos e mais exemplos dos erros que as pessoas cometem. Alguns de fato são intrigantes, como o funcionário que é motorista de caminhão da empresa que mostra o dedo médio para outros motoristas na via expressa, ou o garçom que parece incapaz de passar um dia sequer sem quebrar alguma coisa, ou o assistente administrativo que não consegue não clicar em "Responder a todos" para cada e-mail que recebe – em geral apenas para agradecer ou mandar um emoji sorridente.

Vamos simplesmente aceitar o fato de que todos nós podemos fazer grandes idiotices de vez em quando.

Mas, com frequência, existem razões bem inocentes para as coisas darem errado e das quais os líderes não estão cientes ou às quais nem deram atenção. Eles supõem que os funcionários estão sendo descuidados, não estão se empenhando ou são incapazes. Alguns líderes chegam até a supor uma intenção maligna por trás de cada erro, como se os funcionários estivessem tentando puxar o tapete deles.

Depois de entrevistarmos funcionários durante algumas décadas, pudemos compreender que a vasta maioria das pessoas de fato se importa com seu trabalho e está tentando fazê-lo bem. Praticamente ninguém bate o cartão para fracassar. Com muita frequência, o desempenho do funcionário é comprometido por um conjunto básico de fatores fora de seu controle, como a falta de ferramentas adequadas, de treinamentos de qualidade e de clareza nas orientações, que podem ser fruto de mudanças de prioridades ou de explicações confusas por parte do líder.

Admiramos o que disse Indra Nooyi, presidente e CEO aposentada da Pepsico, quando lhe perguntamos qual tinha sido o conselho de liderança mais importante que já tinha recebido. Ela respondeu: "O que quer que alguém diga ou faça, presuma que a intenção foi positiva. Quando você acata esse conselho, toda a sua abordagem em relação às pessoas ou às questões fica muito diferente".[54]

Por outro lado, quando o líder presume uma intenção negativa, ele logo pode ficar zangado ou aborrecido com quem lhe causa problemas. Nooyi acrescenta: "Se você descarta essa raiva, esse aborrecimento, torna-se capaz de ouvir com generosidade e de falar com muito mais eficiência".

Hubert Joly, presidente executivo da Best Buy, nos disse: "Talvez eu seja a pessoa mais ingênua do planeta. Sempre imaginei que as pessoas estavam tentando dar o melhor. Às vezes fico desapontado, mas não me importo porque penso que é muito mais saudável ser assim do que esperar o pior".

O oposto dessa ideia é que às vezes os funcionários não estão agindo de boa-fé. Sem dúvida, isso pode ser verdade. Algumas pessoas tentam contornar o sistema ou contam com a ingenuidade do chefe, ou são simplesmente manipuladoras. Em nossos anos de mundo corporativo, certa vez contratamos um sujeito assim, chamado Frank. Rapidamente, percebemos que ele era uma das pessoas mais sorrateiras e interesseiras que já tinha trabalhado conosco, mas, dada a natureza benevolente da organização para a qual trabalhávamos na época, levamos anos até conseguir dispensá-lo. Nessa altura, já tinha causado sérios danos à motivação e à produtividade de nossa equipe, e também à nossa reputação. Como líderes seniores, devíamos ter agido de outro modo.

Ainda assim, mesmo depois de tudo o que passamos com Frank, não permitimos que isso atrapalhasse nossa visão de que é melhor partir da perspectiva de que, na maioria das vezes, existe um motivo compreensível para o erro ou o mau desempenho de um funcionário. E, mesmo que a pessoa de fato tenha algumas características de Frank, vimos como a honestidade de um bom líder, sua franqueza e bondade podem inspirar muitas pessoas assim a mudar.

Portanto, em vez de recriminar de imediato, incentivamos os líderes a dizer ao funcionário que confessa suas falhas que ele, com certeza, tinha a intenção de agir corretamente. É comum descobrir que a pessoa era muito comprometida, competente e no comando da situação e que obstáculos inesperados surgiram no caminho. E, mesmo se ficar claro que o erro foi culpa daquele funcionário, é muito melhor ver nessa situação uma oportunidade de ensinar do que de punir.

Essa é uma ótima mentalidade a ser adotada para se trazer à luz informações importantes sobre o que deu errado antes que a situação saia do controle. É comum os líderes nos dizerem que obtiveram muitas informações quando desaceleraram o ritmo, se mantiveram confiantes e fizeram perguntas sensatas sobre o que achavam que tinha dado errado. Afinal, se alguém cometeu um erro, você quer ser informado imediatamente. Se estão com medo de uma explosão da sua parte ou de alguma medida punitiva, o mais provável é que tentem encobrir o problema. Como sempre dizemos, é difícil esconder uma pedra debaixo do tapete. Não demora nada para alguém tropeçar, de modo que achamos bem melhor quando os problemas são prontamente apontados, e todos se concentram em resolvê-los. Você não concorda?

Como exemplo, citamos o episódio da líder que chegou ao trabalho um dia e soube que seu funcionário mais importante tinha ido embora, depois de ter deixado na noite anterior um bilhete anunciando sua demissão. Conforme o dia avançava, essa líder ficou cada vez mais aborrecida, não só pelo funcionário ter ido embora sem avisar com antecedência, mas por ter se dado conta de que todos os que trabalhavam sabiam que ele ia dar no pé e ninguém tinha dito nada. Por que ela foi a última a saber? Depois de refletir sobre a questão, percebeu que as pessoas não se sentiam à vontade para lhe trazer más notícias. Ele teve de reconhecer que, como líder, precisava fazer algumas mudanças.

As culturas de pouca confiança, em que os gestores reagem mal a falhas, criam um ambiente muito negativo para o fluxo da produtividade e da inovação. A criatividade requer confiança. Quem arrisca dar uma nova ideia num ambiente profissional em que todos estão focados na própria sobrevivência?

Inovação por meio do pensamento positivo

Chad Pennington, empresário e ex-jogador da NFL, nos contou que "na nossa sociedade, estamos ensinando as crianças a evitar o fracasso a todo custo. Mas como saber o que é o verdadeiro sucesso sem fracassar? Quando conversamos com os executivos e executivas mais bem-sucedidos, eles falam de seus fracassos e de como os levaram ao ponto em que se encontram naquele momento. Dizem as médias estatísticas que os empreendedores fracassam 3,8 vezes antes de obterem sucesso. O que é basicamente uma vez a cada quatro tentativas. Com isso, precisamos entender que haverá falhas, mas que devemos transformá-las em pensamento positivo e lições a serem aprendidas para podermos chegar ao sucesso que desejamos".

Garry Ridge, CEO da Companhia WD-40, concorda: "Aqui, não temos erros. Temos momentos de aprendizagem. O momento de aprendizagem é um resultado positivo ou negativo de qualquer situação que é aberta e livremente partilhada para o benefício de todos. É por isso que digo ao meu pessoal que sou conscientemente incompetente, porque ao acolhermos os momentos de aprendizagem, eles nos levam ao passo seguinte e ao lugar seguinte".

Segundo Gail Miller, presidente da Larry H. Miller Group of Companies, "você tem resultados positivos sendo positivo e indo trabalhar para resolver o problema, em vez de se preocupar com quem é o culpado. Para mim, uma boa parte dessa mentalidade vem de ter crescido na pobreza e de saber que, qualquer coisa que viesse a ter, seria porque eu tinha feito acontecer. Minhas amigas compravam roupas maravilhosas, e eu tinha de ir atrás do tecido e costurar uma saia. Assumir uma intenção positiva é aproveitar o que falta e transformar isso em abundância".

Os quatro passos para manter a compostura

Entendemos perfeitamente como pode ser incômodo, e até exasperante, ouvir que alguma coisa deu muito errado. Ao nos inteirar de erros que a equipe cometeu, prontamente nos lembramos de todas as bobagens que fizemos ao longo de nossa trajetória e como nossos chefes devem ter tido paciência com os nossos equívocos.

Para manter a compostura e obter a informação de que você precisa, treine-se para seguir os passos que vamos descrever abaixo.

Em primeiro lugar, em vez de disparar um e-mail apressado, pegue o telefone ou vá ver a pessoa (se for possível). Você vai se obrigar a falar ao vivo com os envolvidos na questão para chegar ao fundo do problema, sem culpar ninguém, mas tentando entender o raciocínio que deu origem à situação. A interação ao vivo ou por telefone ajuda os envolvidos a entender que sua preocupação é genuína e que sua reação é uma forma de apoio sem o risco dos ruídos da comunicação digital. O segundo passo consiste em levar o tempo que for necessário para reunir todos os fatos antes de tomar decisões ou chegar a alguma conclusão. Muitas vezes, a direção que você está tomando vai mudar conforme perceber que suas suposições iniciais não estavam corretas.

Em terceiro lugar, adote uma abordagem de avanço (por exemplo, em vez de perguntar "Por que você fez isso?", tente "O que poderíamos fazer de outro modo no futuro se estivermos na mesma situação?"). Esse tipo de abordagem permite neutralizar as tensões existentes e colocar o foco no que pode ser feito da próxima vez para obter um resultado positivo. O quarto passo é prestar bastante atenção a todas as comunicações sobre o problema a fim de evitar a linguagem passivo-agressiva e estabelecer um tom positivo. Outro fator da comunicação a ser levado em conta é sua linguagem corporal durante essas interações. É melhor não se mostrar indiferente. Quando mencionamos esse conceito para uma amiga, ela disse que isso funciona dos dois jeitos: "Quando trabalhei para uma chefe realmente horrível, me aconselharam a não demonstrar nada quando fizesse uma reunião com ela porque minha linguagem corporal denunciava meu incômodo de estar na presença dela. Deu certo!".

Vimos como essas ideias foram postas em prática recentemente com um cliente. Uma funcionária talentosa – vamos chamá-la Jasmine – tinha sido recém-promovida ao cargo de coordenadora e então começou a perder prazos. A equipe executiva discutiu o que poderia estar causando os atrasos e o rápido consenso foi que a promoção tinha superestimado suas habilidades e ela deveria reassumir o cargo de colaboradora individual. Tinham se enganado com seu talento: lição aprendida.

Um desses executivos fez uma sessão de coaching conosco, e o conselho que lhe demos sobre a intenção positiva realmente o impactou. Ele pediu para se reunir com Jasmine antes de qualquer ação ser tomada e, nessa conversa, descobriu que o problema não era tão simples quanto os executivos tinham presumido. Ela estava tão animada para corresponder às atribuições do novo cargo que não dispensava nenhum projeto e, com isso, tinha ficado sobrecarregada com tantas tarefas. Ela havia se tornado um depósito para múltiplas tarefas de grande porte, enviadas por múltiplas equipes, e conseguia terminar muito pouco. Também não tinha conhecimento suficiente da organização para decidir quais projetos priorizar. Estava estressada e tão frustrada com a situação quanto seus clientes internos.

O que Jasmine precisava era que alguém conversasse com ela e lhe mostrasse como cada uma de suas tarefas se encaixava na estratégia organizacional e, portanto, como ela poderia classificá-las e organizá-las dentro de um cronograma realista. Como seu superior imediato também não tinha esse tipo de visão corporativa, o executivo solidário se prontificou a ser mentor de Jasmine. Em pouco tempo, sua produtividade voltou a crescer.

Ela não é uma Viajante Premium

A maioria das pessoas foi educada para imaginar o pior. E, como se um viés natural de negatividade não bastasse, algumas horas por dia assistindo ao noticiário na televisão, ou uns dois dias percorrendo os corredores de alguns locais de trabalho, bastam para fazer até os mais otimistas acreditarem que o mundo é basicamente um lugar disfuncional onde todos querem acabar com todos.

Esse tipo de perspectiva negativa é prejudicial não apenas para os gestores, mas para nós também, assim como para todos os que queremos que nos ajudem e nos apoiem, inclusive em nossa vida pessoal.

Com tanta pressão para obter resultados muitas vezes nada realistas no trabalho, e tantas notícias internacionais deprimentes, é importante treinarmos a nós mesmos para olhar à nossa volta regularmente, reparando no que há de bom nas pessoas, e não perder de vista que muita gente está simplesmente lutando para sobreviver a cada mês. Houve uma líder que nos contou uma história comovente, que a tocara muito.

Lynn Carnes disse que, quando era líder de um grupo de gerenciamento de risco no início de sua carreira na área financeira, era uma "megera". Agora uma coach de executivos, ela admite que "ficava de olho em qualquer problema possível e só enxergava isso aonde quer que fosse".[55]

Numa reunião com seus funcionários sobre o desenvolvimento de valores básicos, seu pessoal recomendou o valor de "assumir uma intenção positiva". Carnes não se deixou impressionar. Seu primeiro pensamento foi: "Que tal 'Façam o que eu mando' como valor?". Com muita relutância, ela saiu da reunião concordando em experimentar aquele valor.

"Eu assumia uma intenção negativa e colocava isso em prática em toda parte. Ficava esperando que todos me colocassem em maus lençóis. Era um mecanismo de autoproteção. Se via um problema no horizonte, não podia deixar aquilo me atingir. Eu agia daquele jeito para me manter em segurança, mas não era nada seguro", ela conta.

Então, certo dia, no aeroporto de Denver, Carnes correu para a fila de Viajantes Premium para pegar seu voo, mas, quando chegou à máquina de raios X, se deparou com uma mãe levando um bebê, o carrinho e uma montanha de malas. A primeira coisa que Carnes pensou foi que aquela mãe não era uma Viajante Premium, por que estava ali?

"Senti a raiva se formando, e então ela teve um gesto que me tirou daquele estado imediatamente. Ela precisou colocar o bebê no chão." Ali, no meio de um aeroporto público, aquela mãe sobrecarregada teve de colocar sua criança preciosa no lugar onde milhares de sapatos imundos tinham pisado. Carnes se comoveu: "Ela precisava de ajuda. Percebi que ela não estava ali para atrapalhar a minha vida. Estava apenas tentando chegar ao seu destino". Então, Carnes perguntou se podia ajudar, e a oferta foi educadamente aceita. Algo mudou no íntimo daquela cética gestora de risco, tão ocupada com sua autopreservação. A raiva de Carnes evaporou e nunca mais voltou. Aquele momento na fila dos Viajantes Premium marcou uma mudança decisiva em sua carreira e em sua vida.

Seja qual for a situação que enfrentar, você sempre tem escolha, como ela diz: "Assim que entender essa escolha, pare. Nessa pausa, crie uma história melhor que não torne a outra pessoa um vilão e você, uma vítima".

**

Não há como evitar o fato de que todos vamos ter de lidar com os erros cometidos pelas pessoas sob nosso comando. Quem tem filhos também precisa enfrentar as inúmeras loucuras que eles cometem e que nos fazem questionar se realmente têm um cérebro ali. Desenvolver o bom raciocínio de sempre supor algo positivo é uma das coisas mais transformadoras que podemos fazer para tornar a vida mais agradável, de todas as pequenas maneiras possíveis, ao mesmo tempo que sentimos a enorme satisfação de constatar a evolução e o crescimento daqueles que lideramos.

RESUMO DA PRÁTICA
Assuma uma intenção positiva

- Muitas vezes, o desempenho dos funcionários é prejudicado por fatores amplamente fora do seu controle, como a falta de ferramentas adequadas, de treinamentos eficientes e de orientações claras; essas questões podem resultar de mudanças nas prioridades ou de explicações confusas por parte do líder.
- O líder que assume uma intenção positiva em geral descobre que obstáculos inesperados surgem no caminho dos funcionários. Mesmo que seja revelado que alguém é o culpado, esse líder pode usar o erro como uma oportunidade de ensinar, em vez de punir.
- Se o funcionário teme uma ação punitiva, é mais provável que tente encobrir os problemas.
- A cultura de pouca confiança cria um ambiente excessivamente negativo para a produtividade e a inovação se manifestarem. A criatividade requer confiança.
- A abordagem da intenção positiva passa por quatro passos: (1) telefone para a pessoa ou vá falar com ela pessoalmente (se for possível); (2) junte todos os fatos antes de tomar decisões e chegar a conclusões; (3) adote a postura de olhar para a frente (por exemplo, "O que poderíamos fazer diferente no futuro se estivermos diante da mesma situação?"); (4) preste atenção a todas as comunicações para evitar uma linguagem passivo-agressiva e definir um tom mais positivo.

11

Ponha-se no lugar deles

Vamos voltar ao programa *Chefe espião*. Foi divertido ver aqueles CEOs usando maquiagem e barba falsa para não serem reconhecidos pelos funcionários. Era cômico, porque muitos funcionários não os teriam reconhecido mesmo se vissem um crachá dizendo "Olá, sou seu chefe". De acordo com uma pesquisa de 2017, realizada nos Estados Unidos com mil profissionais, um quarto respondeu que não seria capaz de identificar seu CEO num painel.[56] Quanto aos millennials, 34% dizem que não passariam no teste. Aliás, se uma equipe de filmagem estiver seguindo um novo estagiário chamado "Andy", pode ser uma dica. Só para constar.

Quando estudamos equipes de vários níveis de eficiência, nunca deixamos de nos surpreender com o fato de que tantos líderes saibam tão pouco sobre os desafios que seu pessoal enfrenta em sua lida diária. Em parte, é porque nunca fizeram aquele serviço, mas também é porque não param nem um minuto para perguntar quais são as dificuldades que a equipe possa estar encontrando.

Embora muitos desafios lançados às pessoas sejam bem óbvios até mesmo para os gestores mais distraídos – o sistema de TI cai o tempo todo; a nova linha de produtos está cheia de defeitos –, há outros menos evidentes, como problemas pessoais entre membros da equipe, desafios decorrentes de informações vindas de outros departamentos, novas exigências feitas pelos clientes. A maioria dos gestores se considera muito bem informada sobre o trabalho feito, mas quando conseguimos convencê-los a parar um pouco, ir conversar com as pessoas e observar ou, melhor ainda, trabalhar ao lado dos funcionários por um tempo, eles acabam comentando que se espantam com a quantidade de coisas que descobrem.

Os líderes que desenvolvem empatia pelos outros são ótimos fomentadores da gratidão autêntica. Embora a empatia em geral seja vista como um exercício mental – em que imaginamos como a outra pessoa está se sentindo –, afirmamos que o melhor modo de ser verdadeiramente empático é arregaçar as mangas e se colocar de verdade no lugar do outro.

Esse é o princípio por trás de um excelente programa de liderança nos estabelecimentos do California Fairmont Hotel, que conhecemos poucos anos atrás. Todo ano, os líderes da companhia passam um dia inteiro trabalhando com alguém cujo trabalho é interagir diretamente com os clientes. O programa se chama "Colocando-me no seu lugar". Nesses dias de convívio, os líderes não apenas passam um tempo com o instrutor de golfe ou aprovam novos itens no cardápio. Tom Klein, vice-presidente regional de operações disse: "Há alguns anos, fui faxineiro por um dia. Os executivos vestem o uniforme que corresponde à função, batem cartão, desligam o celular e seguem o protocolo do hotel nos mínimos detalhes. Depois de passar o dia no rodízio da arrumação dos quartos, ganhei um entendimento completamente novo do que significa realizar esse trabalho. Esse programa realmente nos ajuda a valorizar nossos colegas. E você alcança uma compreensão muito real de como facilitar o trabalho deles e torná-los mais eficientes".[57]

Essa prática não era só a administração tentando deixar claro que precisa valorizar "os mais humildes". Foi um processo incrivelmente revelador, que mudou paradigmas, e gerou uma grande quantidade de ideias ótimas para melhorar os resultados gerais. É somente quando o líder consegue entende o que significa fazer um trabalho na prática que ele pode ser mais eficiente e realmente ajudar as pessoas a executar suas tarefas. Eis a melhor prática da empatia.

A DDI, uma companhia de consultoria em gestão, descobriu que, para os gestores, a empatia é um "fator motivacional fundamental para o desempenho geral".[58] A empatia teve uma correlação positiva com habilidades essenciais da gestão, incluindo coaching, engajamento e a tomada de decisões sensatas. Apesar disso, os pesquisadores constataram que somente "40% dos líderes da linha de frente" eram "proficientes ou fortes em empatia".

Naturalmente não estamos sugerindo que 60% dos gestores não têm o gene associado à capacidade de sentir empatia. As pressões que sofrem são pesadas e os prazos, apertados. Muitos também ficam em local distante de onde seu pessoal atua no dia a dia, de modo que não têm conhecimento de conversas difíceis e das discussões que os membros da equipe têm todo dia sobre os problemas que encontram. Talvez também não percebam o clima tenso que pode prevalecer nas áreas de vez em quando. É por isso que os líderes precisam sair de sua sala, do conforto de seus escritórios com móveis de luxo (e o incenso e a música ambiente nos fones de ouvido) e passar um bom tempo com o pessoal durante o trabalho, não somente nas reuniões. Quando interagem com os funcionários dessa maneira, podem observar com cuidado e perguntar como as coisas estão indo de fato, livrando-se das camadas de hierarquia até ficarem realmente cara a cara com os colaboradores em seu "habitat natural".

Se o líder não tem tempo para realmente se colocar no lugar dos outros, a boa notícia é que existem muitos outros modos de chegar às informações de que precisam. Desenvolva a prática de perguntar com regularidade como vai a execução das tarefas e peça para compartilharem realizações recentes que possibilitem entender o mundo deles com mais clareza.

Quando falamos sobre isso com o CEO de uma pequena empresa, ele contou uma ótima história que vem a calhar. Uma das funcionárias da contabilidade entrou afobada na sua sala perto do fim do ano para avisar que um cliente, entre os dez mais da revista *Fortune*, ia pagar uma conta alta bem antes do prazo típico de 60 dias do contrato. Com esse pagamento, a companhia poderia fechar a conta anual. Imediatamente, ele começou a dar instruções para a funcionária sobre como alocar aquela verba inesperada. Então, teve um insight. Ele parou, respirou fundo e disse: "A propósito, Mia, não pense que não notei que você deve ter feito algo muito esperto para convencer o cliente a fazer esse pagamento antecipado".

A contadora levou um susto e respondeu: "Não faço ideia". Em seguida, começou a contar todo o esforço que tinha feito para incluir a cobrança no (talvez propositalmente) complexo sistema automático de quitação e como, desde então, tinha desenvolvido um bom relacionamento com seu contato dentro da empresa, a quem havia sugerido, como quem não quer nada, que o cheque fosse liberado com antecedência. Nosso cliente comentou que a funcionária estava muito orgulhosa em explicar o que tinha feito: "E quando parei para ouvir pude ter aquele raro vislumbre do mundo dela". Isso lhe deu uma ótima oportunidade de expressar sua gratidão de maneira sincera e específica.

Muitas pessoas que fazem um ótimo trabalho não estão em evidência. Algumas atuam na linha de frente com os clientes, outras estão nos bastidores, como essa contadora. Em geral, o chefe tem pouco ou nenhum reconhecimento por sua astúcia e determinação.

Para obter em primeira mão dados sobre as coisas importantes que essas pessoas estão fazendo, cogite a possibilidade de observá-las em ação por um tempo.

Você não está espionando, está se conectando

O CEO da WD-40 Company, Garry Ridge, passa as duas primeiras horas do expediente, todo dia, com seu pessoal: "Fico ali enquanto eles chegam para trabalhar, e falo com eles, pergunto o que há de novo. Tento estabelecer uma ligação verdadeira porque é importante. Venho fazendo isso religiosamente há anos".

Às vezes, os líderes passam algum tempo na área de produção, observando os funcionários trabalhando, e isso pode facilitar a percepção de alguns aspectos de excelência dos quais talvez não estivessem cientes. Essas são, além de oportunidades de demonstrar gratidão, uma chance de identificar procedimentos que podem ser compartilhados com mais setores da organização. Quando fizer isso, é crucial que os funcionários não se sintam vigiados. Explique que você vai passar algum tempo observando-os porque quer entender melhor com o que estão lidando e como você pode ajudar.

Quando estiver colocando em prática sua capacidade de observação, é indispensável que sua atenção não seja fragmentada. Quando pedir para compartilharem sua experiência, será desanimador se você se distrair lendo um e-mail, atendendo uma ligação, falando com outro funcionário. Tome medidas para evitar interrupções e para estar totalmente presente. Claro que isso é desafiador, porque as organizações têm uma capacidade insana de nos trazer distrações, especialmente para quem tem cargos de comando, mas você pode fazer todo esforço possível durante os períodos de observação para só ser interrompido em casos de emergência.

Para os executivos que afirmam serem ocupados demais para interagir regularmente com seu pessoal, apresentamos o caso de Britt Berrett. Quando foi o diretor-geral do Texas Health Presbyterian Hospital Dallas, ele fazia todos os gestores da organização (inclusive ele mesmo) sair da própria sala todos os dias, por uma hora, para se conectar com seus colegas de equipe, perguntar se podiam ajudar de alguma maneira, remover barreiras para o sucesso das operações e buscar oportunidades de manifestar gratidão. Berrett disse que as horas dedicadas aos funcionários serviram para aproximar mais equipes e gestores, o que incluiu um aumento de 30% nos índices de engajamento dos colaboradores.

Vamos citar os responsáveis

Parte do processo de se colocar no lugar de alguém é oferecer o reconhecimento público por um trabalho bem-feito que você identificou, demonstrando respeito pela diferença que as pessoas estão fazendo. Adoramos uma história que Eric Schurenberg, presidente e CEO da revista *Inc.*, nos contou sobre Alan Mulally, que fez isso muito bem quando assumiu o comando da Ford.

Em sua primeira assembleia geral – com dezenas de milhares de funcionários assistindo ao vivo, no mundo inteiro, via satélite –, Mulally dividiu o palco com um lindo Ford novo. O CEO pediu para que os dois operários que tinham aspirado o carro por dentro e lustrado a lataria subissem ao palco com ele. Quando estavam lá, ele falou da gratidão que sentia pelo cuidado que tinham tido. Depois, puxou uma salva de palmas para os dois.

Shurenberg disse: "Alan é uma pessoa de muita empatia e também muito ciente do exemplo que dá. Aquela era sua primeira assembleia geral. Ele não estava interessado em consolidar seu poder diante da equipe de liderança, mencioná-la individualmente e demonstrar como os diretores de todas aquelas linhas de atuação comercial da Ford se curvavam diante dele. Em vez disso, na frente de todo mundo, ele preferiu elogiar as pessoas de cargo mais humilde presentes na sala. Além de um lindo gesto para aqueles dois, foi uma mensagem para a companhia inteira de como a Ford passaria a ser dirigida: todo mundo importa". Já se escreveu muita coisa sobre a milagrosa reviravolta que Mulally obteve na Ford, mas poucos autores mencionaram sua espantosa capacidade de usar habilidades psicossociais, como a empatia, para conquistar as pessoas.

Vamos considerar a primeira reunião de Mulally com os 4 mil operadores de concessionárias nos Estados Unidos, realizada no Ford Field (onde joga o Lions, um time da NFL). Sem telepromtper (algo inédito para um CEO da Ford), ele apresentou o plano para salvar a empresa e pediu aos operadores que se unissem aos funcionários como parceiros no novo modo de avançar: o programa "One Ford". Mulally explicou: "Era preciso demonstrar que as coisas realmente seriam diferentes, que íamos demonstrar amor. Então pedi que todos os funcionários da Ford ali presentes se levantassem, se virassem para os 4 mil vendedores e dissessem 'Nós amamos vocês'".

Mulally continua: "Todos começaram a olhar para o sapato e apenas resmungaram as palavras. Insisti: vamos tentar de novo. E, dessa vez, vamos falar com vontade. Sorriam e digam que amam essas pessoas. Porque nós amamos".

"Dessa vez, os funcionários falaram em alto e bom som. Cada operador ali sentiu que as coisas seriam diferentes", Mulally recorda. "Eles souberam que estávamos juntos naquela briga e que juntos trabalharíamos para salvar a companhia. Eles seriam amados, incluídos e valorizados. Até hoje aquela cena enche meus olhos d'água."

Uma parte do comprometimento dos vendedores incluiu Mulally de fato se colocar no lugar dos funcionários das concessionárias. Como sabia que a empatia não é uma coisa que você pode desenvolver e cultivar da segurança da sua sala, ele passou um tempo como vendedor numa concessionária Ford. Vale a pena enfatizar que um melhor entendimento do trabalho que seu pessoal realiza não apenas ajuda a revelar de que maneira é possível resolver problemas deles, como também pode ajudar a compreender de que forma eles podem melhorar a experiência do consumidor – algo que o próprio Mulally descobriu. Seu biógrafo, Bryce Hoffman, escreveu que levou apenas alguns minutos para o novo CEO fazer sua primeira venda: "Em menos de uma hora fez mais duas. E havia mais uma em andamento".[59] Colocar-se no lugar do outro não é só uma questão de desenvolver empatia; também é uma maneira de ajudar a outra pessoa a melhorar seu desempenho.

Claro que os líderes inteligentes são respeitosos ao dar esse conselho de aprimoramento, por exemplo, perguntando aos funcionários, antes de corrigi-los, por que estão fazendo as coisas daquele jeito. Mas, contanto que sejam cuidadosos nesse processo, é comum serem surpreendidos com a receptividade e a gratidão demonstrada pelos funcionários diante de críticas construtivas feitas para melhorar a performance no trabalho.

Outro líder que trabalhou para desenvolver a empatia por seus associados desde o primeiro dia foi Hubert Joly, quando foi CEO da Best Buy. Joly passou a primeira semana não nos escritórios corporativos, mas trabalhando em uma das lojas de varejo da companhia. "Temos duas orelhas e uma boca, o que significa que precisamos ouvir muito mais do que falar", ele nos disse. "Eu queria saber o que o pessoal na linha de frente estava pensando e descobri que estavam infelizes. Por exemplo, a equipe de liderança anterior tinha reduzido o desconto para os funcionários, ao mesmo tempo que ofereceu altos bônus para os executivos seniores, então voltamos ao desconto anterior. A ferramenta de busca no site não estava funcionando, as pessoas não encontravam os produtos, então ela foi substituída.

"Primeiro atendemos às necessidades dos nossos associados, e isso desencadeou uma onda de energia e paixão ilimitadas porque as pessoas se sentiram respeitadas e ouvidas."

Franqueza radical

Rob Nail, fundador da Singularity University, comentou conosco outra percepção profunda. Ele disse que, quando se coloca no lugar dos funcionários e tem mais empatia, é comum que eles se mostrem mais dispostos a lhe dar o benefício da dúvida e sabem que você tem boas intenções quando lhes dá um feedback honesto. Para isso, sua organização adota um conceito chamado franqueza radical.

Essa expressão foi popularizada por Kim Scott, ex-executiva do Google e cofundadora da Candor, LLC.[60] No início de sua carreira no Google, ela fez uma apresentação para os chefões. Sua gestora, Sheryl Sandberg, lhe deu um conselho direto e não solicitado: "Sheryl começou a conversa falando das coisas que tinham ido bem na reunião. Mas, naturalmente, a única coisa que eu queria ouvir era o que tinha feito de errado. Por fim, ela disse que eu tinha falado muitos *hum…*".

Scott minimizou o feedback da chefe com um aceno, mas Sandberg insistiu: "Ela me olhou nos olhos e explicou: "Estou vendo que, pelo seu gesto vou precisar ser muito mais direta. Quando diz 'hum' a cada três palavras, você parece idiota".

Ela conta que a conversa a fez parar para pensar: "Sheryl tinha alguma coisa que fazia parecer tão fácil me dizer aquilo. Mas por que ninguém nunca tinha me falado isso em 15 anos? Era como se eu tivesse passado minha carreira toda com um pedaço de espinafre entre os dentes, e ninguém tivesse tido a gentileza de me avisar".

Rob Nail instituiu, na Singularity University, a regra de que a franqueza radical "precisa acontecer junto com uma profunda empatia e com o desejo de ajudar a outra pessoa. Nada justifica você ser um idiota e dar um feedback cretino. A franqueza radical consiste em valorizar a outra pessoa, ser grato por ela e tentar ajudá-la de verdade".

Ele também acrescentou: "Então, na outra ponta, como aquele que recebe, você precisa valorizar a pessoa que lhe dá o feedback e agradecer por isso. Se sabe que ela acredita em você, quer ajudar e quer o melhor para você, então existe uma gratidão verdadeira nessa intenção. É quando algo novo pode acontecer".

Treinando os músculos da sua empatia

Sabemos que demonstrar empatia não é algo natural para algumas pessoas. Se for o seu caso, pense nisso como uma espécie de treino pessoal. Você está criando uma memória muscular da empatia. Assim como os exercícios físicos, os benefícios terão longo alcance em sua vida. Ficar em forma fisicamente melhora nosso estado de espírito e eleva a autoconfiança, além de ser bom para a saúde como um todo. Desenvolver a empatia fortalece todos os nossos relacionamentos e torna as interações diárias muito mais gratificantes.

O CEO da Nature Conservancy, Mark Tercek, manifesta sua gratidão pelo conselho que recebeu do coach executivo Marshall Goldsmith, que disse que ele precisava melhorar sua capacidade de empatia: "No início, achei que eu estava indo bem em muitos sentidos, mas eu sabia que nas situações interpessoais as coisas não estavam tão em ordem. Eu tinha a sensação de que alguns colegas se mostravam ríspidos em conversas comigo. Chego a ficar envergonhado de dizer que, em momentos de estresse, minha querida esposa também agia assim".

Goldsmith entrevistou vários integrantes da equipe de Tercek e lhe apresentou alguns dados: "Mark, você está fazendo bem algumas coisas. Em outros aspectos, é um idiota". Uma das coisas mais importantes que Tercek precisava melhorar era a escuta com empatia: "Eu ficava interrompendo as pessoas, tentando me exibir e mostrar como era inteligente".

Tercek reuniu a equipe e anunciou que ia tentar melhorar nesse aspecto. Também redigiu um artigo sobre seu esforço, publicado no LinkedIn; como disse, foi um jeito ótimo de colocar pressão em si mesmo.

Ele também conta que precisou se esforçar todos os dias nesse processo: "Mudar aqueles hábitos não foi tão fácil quanto pensei". Levou tempo, mas ele começou a notar efeitos positivos em todos os aspectos da vida. "Neste trabalho, vou a eventos e converso com pessoas, e isso se tornou mais divertido porque eu estava prestando atenção ao que as pessoas estavam falando. Eu estava apenas sendo uma pessoa melhor". Talvez ainda mais gratificante tenha sido a reação de sua família: "Um dia, minha filha perguntou o que estava acontecendo. Ela comentou: 'O que aconteceu, pai? Você está sendo tão legal!'". Agora, Tercek acha graça: "É o que as pessoas chamam de elogio ao contrário. Mas era a verdade".

Algumas ideias para colocar as histórias em movimento são organizar uma lista de tópicos para iniciar a conversa quando estiver com seus funcionários:

- Com quem você tem trabalhado aqui ultimamente? O que aprendeu com essas pessoas?
- Qual foi seu melhor dia de trabalho nas últimas semanas? Por quê?
- Como vai a família?
- Onde você passou as últimas férias?
- Do que você mais se orgulha no trabalho?

- Como você descreveria nossa cultura para novos funcionários (o que é bom e o que não é)?
- Qual sua opinião sobre o trabalho que envolve equipes diferentes?
- Lembrando do que aconteceu na semana passada, o que você teria feito de outro modo no trabalho?
- Qual é a parte mais divertida de trabalhar aqui?

RESUMO DA PRÁTICA
Ponha-se no lugar deles

- Muitos líderes sabem pouquíssimo sobre os desafios que suas equipes enfrentam nas tarefas diárias. Não param para perguntar sobre as dificuldades que os funcionários podem estar encontrando.
- Um dos grandes propulsores da gratidão é desenvolver a empatia. A melhor maneira de realmente praticá-la é se colocar de fato no lugar da outra pessoa. Uma forma bastante reveladora que o líder tem de participar do mundo dos seus funcionários é se treinando para perguntar sempre como estão lidando com suas tarefas e se poderiam compartilhar algumas de suas realizações mais recentes.
- Compreender melhor o trabalho do seu pessoal pode não apenas revelar de que maneira o líder poderia ajudá-los a resolver seus problemas, como também pode servir para que percebam como ajudar os funcionários a aprimorar a experiência do cliente e aperfeiçoar sua performance como um todo.
- A franqueza radical precisa ser acompanhada de uma profunda empatia e do desejo de ajudar os outros. Por outro lado, o destinatário do feedback deve deixar claro que valoriza quem fez o comentário, agradecer pela informação e saber que a pessoa quer o melhor para ela.

12

Busque as pequenas vitórias

Na Ability Beyond, uma ONG sediada em Connecticut, a equipe ajuda pessoas com deficiência a levar uma vida mais plena e gratificante. É um trabalho muitas vezes não reconhecido. "Nossos atendentes diretos às vezes ajudam as pessoas em todos os aspectos: tomar banho, comer, se vestir. Essa pode ser a rotina normal da pessoa, e a gratidão simplesmente não faz parte disso", comentou a CEO, Jane Davis. "Tentamos implantar o dia da manifestação de apreço pelos funcionários, a semana das enfermeiras etc., mas acho que o maior impacto é a gratidão muito específica por um trabalho bem-feito, quando você vê isso".

Quando conversamos com Davis, ela falou de uma experiência recente: "Vi pela janela um senhor que atendemos e que está no espectro do autismo. Ele estava tendo um dia bem difícil – como acontece com todos nós, aliás! Embora eu não conseguisse ouvir o que estava acontecendo, dava para ver como o funcionário que estava lidando com ele se mostrava paciente e delicado. A conversa deles terminou com um abraço. Ao ver aquilo, fiz um lembrete de que deveria agradecer ao funcionário e comentar como tinha sido lindo assistir àquela cena. É fácil esquecer o impacto do seu trabalho no dia a dia, mas ele faz toda a diferença".

Davis tinha acompanhado um momento simples – do tipo que acontece dezenas de vezes ao dia em organizações como a Ability Beyond –, no entanto, cada pequeno passo a serviço dos objetivos e valores de uma equipe merece ser reconhecido. O efeito contínuo e cumulativo de pequenos resultados pode ser imenso.

Quando falamos sobre essa ideia com Chad Pennington, ex-jogador da NFL, atualmente diretor de uma organização beneficente, treinador de um time de futebol americano de uma escola de ensino médio e empresário de sucesso (que fornece animais para rodeios), ele concordou plenamente sobre a importância de valorizar pequenos sucessos do dia a dia: "O único caminho para alcançar grandes vitórias e grandes objetivos é realizar as pequenas metas e obter pequenos êxitos; por isso, é realmente importante celebrá-los".

Pennington recordou o tempo em que era atleta universitário na Marshall University e tinha que subir correndo as escadas do gigantesco estádio Joan C. Edwards: "Eu tinha que pisar em cada degrau. Se você pula alguns degraus, vai arrebentar a perna e se lesionar. Comemorar pequenas vitórias dá à pessoa a motivação para ir em busca da próxima e serve como um breve intervalo de reflexão para comprovar de onde você veio e aonde precisa chegar. Também serve para sentir gratidão por todas as pessoas que entraram na sua vida para ajudar".

Teresa Amabile, professora da Harvard Business School, e o autor Steven Kramer realizaram uma extensa pesquisa sobre mudanças inovadoras em organizações e constataram que, "de todas as coisas que podem estimular emoções, motivação e percepções durante um dia de trabalho, o fator mais importante é fazer avanços num trabalho significativo. E quanto mais as pessoas sentem que estão progredindo, maior a chance de serem criativas na produção em longo prazo. Quer estejam tentando resolver um grande mistério científico ou simplesmente criar um produto ou oferecer um serviço de alta qualidade, o progresso diário – até mesmo uma pequena vitória – pode fazer toda a diferença no desempenho e no que sentem".[61]

Para todos nós, isso indica que os gestores têm mais influência sobre o envolvimento, a felicidade e a produção criativa de seus funcionários do que se dão conta, e manifestar regularmente sua gratidão pelo progresso gradual é fundamental.

O ex-presidente da Ford, Alan Mulally, explicou que recompensar pequenas vitórias mostra que o líder sabe o que está acontecendo. Em seu planejamento semanal para os negócios, cada membro da equipe de liderança precisava apresentar uma atualização organizada por cores de seu progresso rumo à conclusão das metas da companhia. Os projetos que estavam dentro do cronograma, ou adiantados, apareciam em verde; em amarelo ficavam as iniciativas com problemas e, o vermelho marcava aqueles que estavam atrasados ou tinham se desviado do planejamento.

"A coisa toda realmente se baseia na gratidão", comenta Mulally. "Quando alguém mostra um vermelho, agradecemos pela visibilidade. Quando trabalhamos para um projeto vermelho se tornar amarelo, agradecemos a todos. Comemorar cada etapa mostra para a equipe que o comportamento esperado é fazer algum progresso. As pessoas sentem que são necessárias, que têm apoio e ficam encantadas. A gratidão faz parte de se divertir com o trabalho, de curtir a jornada e uns aos outros".

Sinalizações para o sucesso

Ken Chenault, presidente aposentado da American Express, disse: "É assim que entendo os tapinhas nas costas: são sinalizações de como estamos nos saindo. Se estou numa viagem, preciso procurar os sinais de que estou na direção certa. Os pontos de reconhecimento são as sinalizações que me permitem completar a viagem.

"Acho que às vezes as pessoas se confundem. Se um líder fica esperando até um grande evento acontecer, eu (como funcionário) talvez nunca chegue lá. Talvez me falte a confiança. Posso não ter o incentivo para perceber que essa é uma viagem que vale a pena completar."
Muito bem dito.

Rob Nail, fundador e CEO da Singularity University, nos contou uma história ótima sobre a notável melhora do moral que pode decorrer graças a demonstrações de gratidão regulares pelas pequenas coisas que acontecem no local de trabalho: "Alguém do escritório sempre deixa bilhetes na minha mesa, quase toda semana. São comentários como 'Uau, foi incrível o que você fez na reunião'". Nail ficou profundamente comovido e decidiu que ia descobrir a fonte ainda anônima dos agradecimentos.

Depois de um tempo, ele acabou resolvendo o mistério e pediu para a funcionária falar sobre essa prática. Ela disse que todo dia anotava no diário cem coisas pelas quais era grata. Todo dia ela começava a lista de novo, numa página em branco". A partir dessa prática, a mulher obteve inspiração para escrever bilhetes não só para Nail, mas também para as pessoas com quem trabalhava. O resultado foi uma equipe mais inspirada porque alguém estava prestando atenção nas coisas incríveis que faziam todo dia.

Imagine quanto o moral e a produtividade na maioria dos locais de trabalho poderiam melhorar se esse tipo de gratidão fosse expresso rotineiramente pelos colegas e também pelos líderes. Um dos atributos mais distintivos que vimos nos grandes executivos – além de um corte de cabelo melhor que o nosso – é reparar nos pequenos esforços e demonstrar seu apreço por isso da mesma maneira como comemoram as grandes conquistas. Eles buscam as vitórias graduais pelas quais possam agradecer todo dia. Isso lhes permite encontrar caminhos para inspirar toda a equipe a ir mais fundo e crescer. Quando os gestores ficam reparando somente no desempenho de seus astros e estrelas e em suas vitórias mais substanciais, deixam de lado as contribuições fundamentais das pessoas que gostamos de chamar de "Eddy Constante" (embora também consideremos a Mabel Estável, a Connie Consistente e o Raul Confiável).

Bom, isso não significa dizer que os gestores não devam estar atentos para agradecer também a seus melhores funcionários. É essencial identificar aqueles de alta performance e deixar claro que você compreende a diferença que fazem. Os gestores com medo de identificar as conquistas mais expressivas dos desempenhos excelentes ignoram essas pessoas e, com isso, as colocam em risco. Quando o funcionário muito acima da média deixa uma empresa, é comum ouvirmos "Nunca me pediram para ficar!".

Isso posto, nunca é demais salientar a importância de valorizar o seu Eddy Constante, aquele funcionário que comparece todo dia para executar o trabalho de pouco prestígio, em geral ignorado, mas que mantém as portas abertas e os clientes, satisfeitos. Essas pessoas são a espinha dorsal da empresa e também precisam de encorajamento. Com muita frequência, os gestores subestimam a importância de uma demonstração de gratidão – ainda que breve – pela realização de tarefas que talvez passem despercebidas. Presenciamos algumas atitudes realmente impressionantes de gestores colocando isso em prática.

Ótimas maneiras de identificar pequenas vitórias

Por sua natureza humilde, pode ser difícil identificar as pequenas vitórias. Por isso, compilamos aqui nosso conjunto favorito de maneiras simples de despertar a ajuda das pessoas em identificá-las:

Peça aos membros do grupo que deem parabéns uns aos outros em alto e bom som
Na SackNation, em Culver City, na Califórnia, toda sexta-feira à tarde o líder reúne a equipe toda – cem pessoas.[62] Os funcionários dedicam alguns minutos a dar o devido reconhecimento a outra pessoa da equipe pela qual se sentem gratos, explicando como ela os ajudou no

decorrer da semana. Isso não só demonstra gratidão aos funcionários que normalmente não receberiam muita atenção, como também surte um incrível efeito residual: toda semana, os funcionários são informados sobre os projetos em que outros departamentos estão trabalhando. Isso não só facilita um melhor entendimento do horizonte mais amplo das operações da empresa como incentiva a própria equipe a cruzar as fronteiras e criar ligações sociais entre departamentos. Dissolver os silos dessa maneira fortalece a confiança, a comunicação e a agilidade da organização inteira, além de ajudar a criar uma mentalidade única na empresa toda, tornando as tardes de sexta menos uma chatice e mais uma festa. Uma pesquisa mostrou que 70% dos profissionais de atendimento ao consumidor e de executivos acreditam que a "mentalidade de silo" é o maior obstáculo a um atendimento eficiente ao cliente.[63]

Peça aos membros da equipe que soprem as cornetas

Conhecemos um gestor que inventou uma ótima maneira de fazer com que os funcionários o mantenham informado dos pequenos êxitos. Ele lhes pediu para mandar e-mail com pequenos informes sobre suas próprias vitórias. O resultado consistiu em resumos de uma ou duas páginas no máximo nas quais o funcionário descrevia o problema enfrentado, os passos dados para resolvê-lo (a ação empreendida), quem mais estava envolvido (a equipe) e o resultado alcançado. Em seguida, o funcionário tinha 5 minutos na reunião de equipe para explicar a vitória e, ainda mais importante, comentar o que havia aprendido com a experiência e se havia alguma coisa que poderia fazer de outro modo caso se visse na mesma situação. O funcionário deveria se mostrar grato a todos que o haviam ajudado, e o gestor, então, falava de sua gratidão pela vitória. Ele contou que isso realmente intensificou o engajamento da equipe. Se você pensar bem, que dificuldade teve o líder para chegar a isso? Os funcionários fazem literalmente tudo, e ele só precisa acrescentar algumas palavras no final, sorrir e colher os frutos. Brilhante.

Ameet Mallik, vice-presidente executivo e diretor da US Novartis Oncology disse que, nas reuniões com a equipe de liderança sobre tópicos sensíveis, realizadas às sextas-feiras, ele começa pedindo para cada participante compartilhar algo ocorrido durante a semana que os tenha deixado orgulhosos e gratos: "Isso define o tom do resto da reunião. Leva 10 minutos para todos apresentarem sua contribuição, e essa é uma maneira muito poderosa de institucionalizar a gratidão e a positividade". Coisas bem emocionais para um executivo bastante racional, que se formou entre os cinco primeiros de sua turma de MBA na Wharton, além de ter um título em biotecnologia pela Northwestern, mas Mallik é um gestor extraordinário que sabe como implantar uma mentalidade "nós", e não "eu", em sua equipe.

Defina e depois recompense a conquista de metas diárias, semanais ou mensais
Em vez de focar apenas no agradecimento por metas grandiosas que tenham sido alcançadas, os grandes líderes definem alvos menores e expressam gratidão por todos os pequenos marcos vencidos na jornada. Uma companhia que tem explorado esse filão da boa vontade é a varejista TJX Canada (que trabalha com marcas como Marshalls, Winners e Homesense). Quando fomos convidados a dar uma palestra em sua assembleia anual, ficamos encantados ao ver que cada gestor tinha ganhado um saquinho de algodão cru contendo uma série de fichas douradas a serem usadas como recompensa para os funcionários que alcançassem metas intermediárias. Na frente da ficha havia o logo da TJX, e no verso estava escrito: "Um gesto de apreço por você ter sido notável. Obrigado". Ideia simples e poderosa para os gestores manterem o pique em suas lojas.

Dê destaque a quem fala o que tem em mente e propõe ideias
A redatora Drew Gannon, da revista *Inc.*, conta a história da Frima Studio, uma empresa de games que incentiva os funcionários a apresentar propostas para novos projetos.[64] Quando o designer de histórias David

Moss foi contratado, ele montou uma equipe própria para elaborar uma aventura mitológica para meninos pequenos ambientada na Escócia do século 14. A novidade era que, em vez de um videogame, a equipe entendeu que seria melhor criar um programa de animação para TV, o que ia bem além da expertise da empresa. A equipe lançou a ideia para um júri de colegas e, "ao final da apresentação, todos estavam com os olhos brilhando por causa do potencial que podiam ver", como Moss se recorda. O júri resolveu que era uma ótima ideia, e a alta administração da Frima concordou, oferecendo a verba para que Moss e sua equipe pudessem trabalhar nesse projeto empolgante.

Os líderes inteligentes compreendem que, se querem continuar a crescer, precisam encorajar e recompensar as ideias dadas pelos funcionários, e isso significa que a criatividade deve ser reconhecida e gratificada. Tudo isso promove mais ideias e instiga a criatividade.

Reconheça quem descobre novos processos de produtividade
Um gestor nos contou que tinha acabado de recompensar um funcionário depois de ficar sabendo de um simples processo para melhorar a produtividade: esse sujeito passava os últimos cinco minutos do dia de trabalho listando as tarefas obrigatórias do dia seguinte. O funcionário disse: "Todo dia de manhã eu perdia um tempão revisando o que tinha feito na véspera para identificar o que precisava retomar. Ao planejar o dia seguinte antes de ir embora, posso dar prosseguimento ao serviço assim que chego para trabalhar". Era um procedimento bem simples, que só economizava uns dez minutos da manhã, mas, quando o gestor o elogiou publicamente, a ideia se difundiu pelo departamento todo. Logo, todos os outros funcionários estavam fazendo a mesma coisa, e a produtividade melhorou em várias horas por dia.

Agradeça aos que encontram soluções para resolver conflitos
Um bom relacionamento com os colegas é o segredo para o sucesso no ambiente de trabalho, e o gestor que preza a inteligência emocional nos

integrantes da equipe está valorizando uma habilidade pouco enfatizada. Os gestores inteligentes agradecem quando os funcionários são mais acolhedores e os treinam para terem mais consciência do efeito de suas palavras e seus atos que, inadvertidamente, podem ser ofensivos. Assim, ajudam a reduzir os casos de bullying no local de trabalho. A gratidão faz parte do conjunto de recursos que o líder inteligente aciona para interferir de maneiras positivas e encorajar os funcionários a tratar os colegas como parceiros de trabalho, reduzindo a animosidade e superando os conflitos emocionais que possam surgir entre eles.

Aproveite os aniversários
Jonathan Klein, presidente da Getty Images, contou que a palavra-chave "aniversário" é uma excelente oportunidade para tirar o atraso de todos os agradecimentos aos funcionários que você pode ter deixado passar ao longo do tempo. Nesse sentido, ele mesmo redige bilhetes agradecendo a cada um de seus 2 mil colaboradores pelas importantes conquistas profissionais e, assim, demonstra sua gratidão e sua consideração.

Klein também faz questão de que os líderes distribuam generosamente mostras discretas de gratidão envolvendo clientes, fornecedores e até mesmo pessoas que eles gostariam que integrassem a equipe futuramente. Ele também contou o caso de um novo funcionário contratado por uma manifestação de gratidão: "Estávamos muito empenhados em contratar uma pessoa que trabalhava para a concorrência. Ele levou uma eternidade pensando se devia deixar sua 'casa' anterior, onde o pai tinha trabalhado a vida toda. Finalmente, resolveu que não viria. Telefonei para ele para agradecer por pensar no assunto e para dizer que eu entendia totalmente sua decisão. Também lhe mandei um bilhete".

Um ano depois, aquele funcionário talentoso ligou para dizer que estava pronto para ir para a Getty: "E salientou como aquele telefonema de agradecimento tinha sido significativo para ele e como tinha influenciado na decisão de vir para a nossa empresa". Klein completou: "Desde o princípio, percebi que os recursos de que dispomos como líderes são limitados. Também me dei conta de que há um recurso que é ilimitado e faz uma grande diferença. É a gratidão. Essa nunca se extingue, não custa nada e tem um impacto enorme".

Enxergar se torna uma maneira melhor de ser

Assim que estiver pondo em prática essas maneiras de fazer bom uso das pequenas vitórias e estiver constatando os efeitos de sua gratidão, esperamos que você naturalmente se pegue procurando por elas com mais frequência. Para não perder de vista as pequenas vitórias, estimulamos os líderes a fazer um diário da gratidão – eletrônico ou num bloco de papel – que esteja sempre à mão. Assim, podem fazer breves anotações sobre tarefas bem executadas tão logo as identifiquem e consultar sempre o que está registrado para enviar bilhetes de agradecimento.

Ken Chenault levou a sério a *carga* da gratidão quando comandou a American Express. Ao observar condutas que podiam ser parabenizadas, ele telefonava para a pessoa logo depois ou enviava um e-mail de agradecimento quando retornava para sua sala. A questão era dar o devido crédito sem perda de tempo: "Eu dizia que tinham feito uma diferença muito significativa e proporcionado um esclarecimento para mim. Eu tentava dar esse feedback assim que possível, para que a pessoa entendesse que o impacto de sua atitude era importante para mim".

Vamos dizer apenas uma coisa sobre o diário de gratidão de Chenault: ele jamais saía de casa sem ele. Obrigado. Muito obrigado. Por favor, não se levantem.

Esse tipo de imediatismo é uma forma excelente de demonstrar apreço pela contribuição da pessoa que foi muito além dos desafios enfrentados (ou até dos erros cometidos) e mantém a avaliação do líder a respeito do trabalho executado dentro de uma perspectiva construtiva. A prática da identificação de pequenas vitórias também pode surtir um ótimo efeito em cadeia nas demais áreas da vida do líder. Whitney Johnson, que escreve sobre inovação e rupturas, enfatizou que dar atenção às pequenas vitórias na nossa vida ajuda a enfrentar os momentos difíceis.

Ela conta que o ano de 2012 lhe trouxe muitos sucessos em sua vida profissional apesar de ter sido emocionalmente difícil: "Meu irmão cometeu suicídio, meu marido foi diagnosticado com câncer e tivemos vários contratempos financeiros".

Enquanto enfrentava todos esses desafios, Johnson leu uma matéria sobre um grupo de adolescentes que tinha feito a travessia do deserto do Arizona. Um deles foi mordido por uma cascavel. Em vez de levarem o amigo ferido correndo para um pronto-socorro, os jovens ficaram horas caçando a cobra para matá-la. Quando o grupo enfim voltou para buscar o ferido, o veneno já tinha se espalhado, e foi preciso amputar a perna do garoto.

Johnson comentou que aquela história tinha ficado marcada em sua lembrança "de maneira muito intensa. Quando estamos feridos, é preciso decidir se vamos atrás da pessoa que nos feriu ou se vamos retirar o veneno do nosso organismo. Eu podia ter ficado mais amarga porque as coisas não estavam indo como eu desejava, mas o veneno da amargura poderia ter me matado".

"Foi quando entendi a importância da gratidão. Todo dia eu procurava coisas pelas quais me sentir grata, coisas básicas como agradecer pela minha família, por meu marido, meus filhos, ou por ter água potável ou a medicina moderna. Foi preciso viver esse momento de profundidade absoluta para entender que o único caminho para atravessá-la era encontrando pequenas coisas pelas quais ser grata, todos os dias."

Hoje em dia não é incomum as pessoas adotarem a atitude de agradecer *quando*... Acham que a felicidade virá quando arrumarem outro emprego, ganharem mais dinheiro, se formarem na faculdade, se aposentarem ou o filho de 35 anos sair de casa. Só então elas vão sentir gratidão. Mas, quando pedimos aos líderes entrevistados para este livro se lembrarem do período de sua carreira em que mais tinham crescido, quando tinham se sentido mais gratos, essas pessoas responderam que tinha sido durante os momentos mais difíceis. E a gratidão tinha sido por aqueles que as haviam levado a dar atenção às pequenas bênçãos para conseguir aguentar firme.

Uma história que nos tocou profundamente veio de Mark Cole, CEO da John Maxwell Companies: "Eu era filho de um pastor. A congregação era pequena, 250 pessoas. Portanto, quem fazia os donativos aos domingos literalmente pagava pela comida em nossa mesa. Cresci consciente de que o que tenho vem da generosidade dos outros. Isso gerou uma gratidão profunda, todos os dias".

Aos 30 anos, Cole conta que fez uma mudança de carreira e que "esse foi um momento financeiramente difícil. Para pagar as contas, eu lavava caminhões no meio da noite. Durante meses, a situação foi tão desesperadora que eu comprava um saquinho de batata chips e contava quantas havia para durar a semana toda. Eu sei, pode pegar o lenço de papel".

Cole tem uma gratidão eterna por John Maxwell, que resolveu apostar nele e o ajudou a garantir seu futuro financeiro, mas esse período de dificuldades fez dele uma pessoa melhor: "Ontem à noite, meu neto queria batata chips. Peguei um saco e disse a ele 'Ei, Ryder, vamos contar quantas tem'. Falei para ele de um tempo em que o avô só tinha um saquinho que precisava durar a semana inteira. Eu queria que ele soubesse que tudo o que temos hoje veio de uma fase em que não havia nada. É isso que alimenta a minha gratidão".

RESUMO DA PRÁTICA
Busque as pequenas vitórias

- Cada pequeno passo na direção das metas e dos valores da organização é digno de gratidão. O efeito cumulativo e contínuo de pequenas realizações pode ser significativo.
- As pesquisas indicam que o fator mais importante para aumentar a motivação no processo criativo é os funcionários sentirem que estão fazendo um progresso diário num trabalho significativo.
- Um dos atributos mais distintivos dos grandes líderes é notar os pequenos esforços e manifestar seu apreço por eles, tanto quanto pelas maiores conquistas. Com isso, descobrem maneiras de inspirar todas as pessoas a ir além e crescer, incluindo os funcionários de desempenho estável na equipe.
- Bons líderes também identificam os integrantes de alta performance e deixam claro que reconhecem a diferença que fazem. Quando os funcionários de alto impacto explicam por que saíram de uma organização, a maioria diz que "Ninguém me pediu para ficar!".
- Entre as melhores formas de identificar pequenas vitórias estão: pedir aos membros da equipe para dar os parabéns aos colegas em alto e bom som; contar ao grupo suas próprias vitórias; definir e depois recompensar conquistas de metas diárias, semanais ou mensais (em vez de apenas grandes realizações); dar destaque aos que se manifestam e propõem ideias; reconhecer novos feitos na produtividade; agradecer aos que encontram soluções para resolver possíveis conflitos com colegas; fazer bom uso de datas comemorativas.

Expressar

13

Ofereça agora, ofereça sempre, não tenha medo

Assim como bananas maduras, a gratidão não dura para sempre. Quanto mais perto de uma conquista o líder demonstrar seu apreço, melhor.

Um grande número de líderes acha que deve acumular elogios para serem distribuídos de uma vez, por exemplo, nas reuniões individuais de análise do trimestre, ou até no fim do ano, na avaliação anual de desempenho. Percebemos que muitos gestores acham que vão se lembrar de todas as coisas positivas, mas não lembram. A maioria diz que a melhor medida das contribuições de um funcionário são os relatórios com dados quantitativos: vendas no atacado, unidades produzidas, entregas realizadas sem contratempos, o número recebido de candidatos a vagas etc. E explicam que a equipe até pode dar a *impressão* de estar fazendo um ótimo trabalho, mas, no fim das contas, se não estiver atingindo o resultado esperado, por que seu comportamento deveria ser elogiado? A verdade é que provavelmente todos conhecem ou tiveram sob seu comando aquele funcionário que sem dúvida aparenta estar ocupado, mas nunca parece realizar muita coisa, pelo menos não na quantidade ou com a qualidade necessária.

Alguns gestores também afirmam que, na opinião deles, falar de realizações durante reuniões de avaliação de desempenho é uma abordagem mais formal – portanto, mais significativa – em relação à gratidão. Sem dúvida, elogiar o desempenho pode ser eficaz e oferece uma avaliação valiosa porque se baseia nas evidências dos resultados alcançados pelo funcionário, além de estabelecer metas de desenvolvimento individuais concretas. Não estamos afirmando que os gestores devam ignorar as avaliações quantitativas de desempenho; acreditamos que esses dados são imensamente informativos, em especial para os funcionários, que em geral não estão cientes de problemas envolvendo seu desempenho. Essas informações também podem ser um recurso vital para que os gestores possam treinar a equipe a identificar o que precisa mudar e direcioná-la para melhores resultados. Tudo de bom.

Mas cabe um aviso. Um problema muito debatido a respeito das avaliações anuais é que, às vezes, elas tendem excessivamente para as críticas e podem se tornar punitivas na visão dos funcionários. Até mesmo as avaliações mais bem-intencionadas podem causar forte ressentimento entre os funcionários se não forem compensadas por frequentes reforços positivos distribuídos ao longo do ano.

Vamos imaginar que o gestor é cuidadoso, que suas críticas são construtivas e que ele inclusive faz elogios merecidos nas avaliações de desempenho quantitativo. Mesmo assim, muitas contribuições *qualitativas* importantes, que não podem ser diretamente associadas a um número, costumam ficar perdidas em meio ao matagal quantitativo. Quando os funcionários são avaliados apenas em termos de vendas, tornam-se menos propensos a instruir funcionários mais jovens, por exemplo. Quando classificados somente em termos da produtividade individual, ajudar os outros é uma postura a ser engavetada.

O processo pouco frequente do feedback formal permite que muitas conquistas do dia a dia sejam ignoradas. Isso representa um desperdício de oportunidades de ouro para oferecer reforço positivo imediato pelos comportamentos que o líder espera diariamente. E também significa perder a chance de dissolver a frustração que o funcionário talvez esteja sentindo diante dos desafios, o que pode de fato comprometer a produtividade.

O caminho para o progresso é acidentado

Vamos retomar os dados de Teresa Amabile, pesquisadora de Harvard, e de Steven Kramer, mencionados no último capítulo.[65] O trabalho da dupla está voltado a descobrir o que os funcionários têm em mente e a compreender o que os motiva, como escreveram na *Harvard Business Review*. Como vimos, os dois encontraram, em nossa motivação geral, evidências extraordinárias do efeito da sensação de termos realizado progressos por um dia. A pesquisa foi conduzida com membros de 26 equipes encarregadas de projetos variados, de tarefas de TI ao desenvolvimento de novos utensílios de cozinha. Solicitou-se aos integrantes das equipes que fizessem uma anotação num diário, todos os dias, ao fim da jornada de trabalho, durante todo o projeto, que durava em média quatro meses.

Quando Amabile e Kramer analisaram as anotações, descobriram que fazer algum progresso num dia estava correlacionado à pessoa se sentir bem sobre o próprio trabalho e estar fortemente motivada a continuar. Por outro lado, se a pessoa não tinha feito nenhum progresso durante a jornada diária, ou se tivesse sofrido algum revés, era mais provável que ficasse desanimada e sua motivação intrínseca sofresse um verdadeiro abalo.

Esse dado pode não ser revolucionário, mas dois aspectos principais desse estudo são especialmente relevantes. Um é que as pessoas ficam muito entusiasmadas, mesmo quando dão o que pode parecer apenas pequenos passos adiante. Um funcionário escreveu em seu diário: "Acabei com o vírus (de computador) que tem me causado muita frustração há quase uma semana. Para você, pode não ser nada de mais, mas levo uma vida muito monótona, então estou superfeliz". Outra aprendizagem é que, mesmo pequenos reveses podem prejudicar o pique e o moral, e os efeitos disso podem ser desproporcionalmente mais poderosos do que os de fazer algum progresso. Essa pesquisa retrata com nitidez que uma montanha-russa emocional pode ser a realidade vivida todos os dias pela maioria dos membros de uma equipe, o que afeta fortemente seu desempenho.

Ao conversar sempre com seu pessoal a respeito do andamento do trabalho e ajudar as pessoas a enxergar o progresso considerável que fazem todos os dias, os líderes podem incrementar fortemente o nível de energia de todos. E, ainda mais importante, essa pesquisa mostra como as pessoas podem ser duras consigo mesmas por não perceberem progresso em suas atividades. Mostras frequentes de gratidão dão à equipe a perspectiva de que reveses não são o fim do mundo, além de mostrar conquistas – mesmo que pequenas – que tenham passado despercebidas.

Já ouvimos muitos gestores dizerem que guardam seus elogios para quando o serviço for concluído. Mas até mesmo uma pequena dose de gratidão, demonstrada com regularidade, ajuda a recarregar as baterias das pessoas.

A mente é programada para feedbacks regulares

A regularidade nas expressões de gratidão comunica que o líder está prestando atenção e que dar o devido crédito é uma prioridade em seu mundo atarefado. E a falta de regularidade? Isso logo pode causar irritação. Experimente uma vez esquecer o aniversário de seu parceiro ou sua parceira; vai ser difícil ter uma boa noite de sono no sofá... Nunca subestime a força do que possa parecer uma falta de gratidão. Conversamos com um profissional que ainda tinha um ressentimento forte e de muitos anos porque seu chefe tinha deixado de lhe agradecer pelo volume considerável de horas extras que ele havia dedicado ao upgrade da rede. Se você é capaz de se lembrar da irritação por não ser valorizado pelo chefe em algum momento da sua carreira, não é o único a se sentir assim. Quando pedimos para as pessoas falarem de experiências desse tipo, elas costumam recordar muitos episódios.

O outro grande problema de retardar as demonstrações de gratidão é que isso impede a eficiência do reforço positivo. Embora saibamos que o comportamento reforçado é repetido, talvez não estejamos a par do fato de que a ciência do reforço positivo mostra que seus efeitos são muito mais potentes quando a recompensa é oferecida próxima ao ato.

Quando mencionamos esse aspecto para gestores, alguns respondem que seus funcionários são adultos e não crianças que precisam ser treinadas para arrumar o próprio quarto ou escovar os dentes. Também não são cachorrinhos – como disse um sujeito – "que você precisa flagrar urinando no tapete, ou eles não aprendem". Bem, pode ser verdade. O problema é que esses gestores estão subestimando os mecanismos psicológicos profundos do reforço positivo instalados em nós e ativos durante toda a nossa vida; esses mecanismos podem ser uma ferramenta excepcional para o exercício da liderança.

Veja este estudo notável para mensurar os efeitos do reforço positivo para fazer os funcionários de um hospital lavarem as mãos com mais frequência. Apesar de todo o volume de estudos mostrando que lavar as mãos surte um poderoso efeito na diminuição da transmissão de doenças em hospitais, esta ainda não é uma prática adotada com a regularidade desejada. Tali Sharot, professora de neurociência cognitiva no University College London, escreve sobre uma pesquisa realizada no hospital estadual de Nova York para combater esse problema.[66] Tal como na maioria dos hospitais, este registrava muitos sinais de alerta sobre o resultado de mãos não higienizadas. Por toda parte, havia frascos de álcool em gel para desinfetar as mãos: daria para encher uma piscina! Mesmo assim, as câmeras de segurança instaladas em todas as pias e locais de higienização na UTI mostravam que apenas 10% da equipe limpava as mãos antes e depois de entrar no quarto do paciente. Mesmo sabendo que estavam sendo filmados, os funcionários não mudaram seus hábitos.

Então, a administração do hospital instalou um painel eletrônico no corredor, dando feedback instantâneo aos funcionários pelo esforço de mudar de hábito. Cada vez que um deles lavava as mãos, o painel exibia uma mensagem positiva sobre isso – por exemplo, "Obrigado por manter a limpeza pelo bem de nossos pacientes!" – e o placar de higiene do pessoal daquele turno aumentava. O índice de conformidade alcançou quase 90% em quatro semanas. Segundo Sharot, essa intervenção funcionou tão bem porque "em vez de usar a ameaça de disseminar doenças, que é a abordagem mais comum nessas situações, os pesquisadores escolheram uma estratégia positiva. Toda vez que alguém da equipe lavava as mãos, esse funcionário recebia feedback *positivo* imediatamente. O feedback positivo aciona um sinal de gratificação no cérebro, reforçando a ação que o desencadeou e aumentando a probabilidade de repetição no futuro".

Que frequência é suficiente?

Levantamentos do Instituto Gallup revelam que os membros mais engajados de uma equipe relatam receber algum tipo de reconhecimento por suas contribuições, seja do líder ou de colegas, mais ou menos uma vez por semana. Se você não tem uma calculadora à mão, isso representa algo em torno de 35 vezes ao ano por pessoa que você gerencia, ou mais ou menos uma vez a cada uma ou duas semanas. Se você tem uma equipe típica de cinco a quinze pessoas diretamente sob seu comando, esperamos que encontre um jeito de oferecer a cada uma delas um pouco de reforço positivo com essa frequência. Mas, se está incumbido de gerir um grupo maior, com cem integrantes, por exemplo, entendemos seu problema. Se você fosse tentar dedicar um tempo para demonstrar gratidão a cada pessoa uma vez por semana, ficaria correndo pelo escritório feito um político em campanha distribuindo apertos de mão. E, honestamente, ninguém receberia bem um agradecimento tão apressado.

A boa notícia é que, mesmo com equipes grandes, há muitas maneiras de garantir que as pessoas recebam demonstrações frequentes de apreço pelo trabalho bem-feito, se não de sua parte, pelo menos dos colegas imediatos. É crucial que o líder defina o ritmo e peça explicitamente que todos da equipe participem. Para obter relatos diretos, os líderes podem solicitar que a equipe transforme isso em uma missão e, naturalmente, que pratique com os integrantes aquilo que estão pregando. É incrível constatar a frequência com que verificamos que um CEO ou um diretor de divisão expressa um comprometimento profundo para com a prática da gratidão e, pouco tempo depois, o diretor do RH (ou outro executivo) nos puxa de lado e comenta que "ele até pode dizer sim, mas não sabe mesmo do que se trata. Precisamos que vocês expliquem isso melhor para ele".

Quando apresentamos os dados do Gallup sobre frequência, alguns líderes revelam sua preocupação de elogiar demais a equipe. Vamos esclarecer uma coisa aqui. Depois de enviar pesquisas a centenas de milhares de funcionários, com perguntas sobre o que há de bom e de ruim na maneira como seu gestor lida com eles, nem uma única vez recebemos reclamações de que o chefe elogia demais: "Mal consigo fazer alguma coisa por aqui com tanta bajulação!". Apenas pergunte a si mesmo: quantos colegas você já ouviu se queixando de excesso de gratidão? Alguém quer se manifestar?

Resumo da ópera: não seja mesquinho quando se trata de gratidão.

Não tenha receio

Nos capítulos anteriores, apresentamos diversas maneiras de identificar realizações específicas, grandes e pequenas, e como manifestar gratidão por elas. Apesar disso, muitos líderes ainda têm receio de tentar. Certamente, também nos deparamos com algumas mancadas, que vão além das banalidades que já mencionamos aqui. Chegamos inclusive a ouvir um gestor dizer a um funcionário: "Queria contar que ontem a Beth disse que está adorando trabalhar com você. Foi ótimo saber disso porque tenho recebido muitas queixas de outras pessoas". Ai, é quase isso...

Charles Schwab, fundador da Charles Schwab Corporation, nos faz lembrar que os momentos de gratidão devem sempre incluir palavras positivas, nunca negativas.[67] Certa vez, ele disse: "Considero que minha habilidade para despertar entusiasmo nas pessoas é o maior bem que possuo, e que o modo de desenvolver o melhor nas pessoas é demonstrando apreço e encorajamento. Nada liquida a ambição de alguém com mais eficiência do uma crítica dos superiores. Eu nunca critico ninguém. Sou sincero em minhas manifestações de apreço e esbanjo elogios".

Como Shwab sugere, a gratidão de um líder pode ser comprometida por palavras negativas. Antes de dizer qualquer coisa, pergunte a si mesmo: isto é generoso, verdadeiro ou necessário? (Essa indagação costuma ser atribuída a Buda e a muitos outros, mas sua fonte real é anônima.)

O uso de uma linguagem construtiva pode parecer um conselho retórico, mas vimos líderes ignorarem a recomendação, o que trouxe efeitos comprometedores. Embora o chefe talvez tenha precisado interferir na situação e ajudar o projeto a deslanchar, mostras de gratidão não são sobre o gestor, assim como a liderança não é manter a contagem de pontos. Recomendamos que guardem essas atividades para si mesmos. E, embora alguns funcionários possam ter um belo passado e tenham aprendido algumas árduas lições em sua busca pelo sucesso, um momento de gratidão não é o momento nem o lugar para o líder trazer à tona os fracassos já superados. As demonstrações de gratidão são momentos para celebrar e fazer a pessoa se sentir valorizada e recompensada.

Portanto, não há motivo para ter receio. Para encerrar este capítulo, vamos acabar com algumas preocupações que ouvimos de gestores a respeito de manifestações de gratidão.

Ciúme: "Se eu disser 'obrigado' a alguém, o resto da equipe vai ficar incomodado comigo". Mas quando os agradecimentos são frequentes e estão alinhados especificamente com os valores essenciais da organização, o problema do ciúme costuma desaparecer – *Sabe de uma coisa? Ele tem razão. A Cíntia realmente merece esse crédito.* É quando a gratidão é escassa que o "funcionário do mês/ano" acaba sendo alvo de ressentimentos.

Raridade: "A gratidão não vai ser tão significativa se for frequente demais". Para dar outro contexto a essa percepção, imagine que você vai assistir a um jogo de futebol das crianças e decide que, como parte do grupo de pais e apoiadores, todas aquelas palmas e aqueles gritos de incentivo são excessivos (além de machucar as mãos), de modo que você vai poupar os aplausos para depois do fim do jogo... *se* o seu time ganhar. Ridículo, certo? Mas quantos gestores não adotam exatamente essa atitude? A gratidão não envelhece se estiver alinhada com o que o líder e a equipe mais valorizam.

Inconsistência: "É muito fácil não enxergar as coisas que as pessoas estão fazendo". Como qualquer árbitro ou bandeirinha pode confirmar, ninguém consegue ver tudo. É por isso que muitos líderes que estudamos pedem aos membros da equipe para ajudar na identificação de motivos para comemorar todo dia, reconhecendo ações que normalmente não perceberiam sozinhos.

Incerteza: "Eu não ia querer adivinhar a recompensa que minha equipe gostaria de ganhar", dizem os chefes apreensivos. Essas pessoas ficam paralisadas, tentando avaliar o que dar aos funcionários que seja significativo e memorável para eles.

A propósito, é exatamente sobre isso que vamos falar em seguida.

> **RESUMO DA PRÁTICA**
> **Ofereça agora, ofereça sempre, não tenha medo**
>
> - Alguns líderes acham que devem acumular os elogios e distribuí-los nas reuniões de avaliação de desempenho; mas muitas contribuições importantes e conquistas do dia a dia ficam perdidas.
> - Depender das avaliações de desempenho como forma básica de dar feedback desperdiça oportunidades excelentes de oferecer reforço imediato justamente para aqueles comportamentos que o líder está esperando.
> - Ao conversar com seu pessoal e ajudá-los a enxergar o progresso considerável que fazem todo dia, o líder pode aumentar consideravelmente o nível de energia de todos. A frequente demonstração de gratidão também proporciona aos membros da equipe a perspectiva de que os reveses não são o fim do mundo e pode apontar as conquistas – mesmo que pequenas – que talvez tenham sido ignoradas.
> - O comportamento recompensado é repetido. Adiar expressões de gratidão compromete a eficiência do reforço positivo. O reforço positivo desencadeia um sinal de gratificação no cérebro que reforça aquela ação e aumenta a chance de que seja repetida no futuro.
> - Os dados mostram que os integrantes das equipes mais engajadas relatam demonstrações de reconhecimento por parte do líder ou dos colegas por suas contribuições mais ou menos uma vez por semana.

14

Sob medida para cada indivíduo

Nosso amigo Kent é diretor de aprendizagem e desenvolvimento no segmento de software e nos contou uma história incrível sobre a necessidade de customizar a gratidão ao indivíduo. Depois de trabalhar durante vários meses num programa de orientação para novos funcionários, ele introduziu um método que permitiria à empresa colocar os novos contratados no ritmo na metade do tempo em relação aos antigos procedimentos. A estimativa da economia para a empresa no primeiro ano de implantação do novo programa era superior a 75 mil dólares. Era compreensível que Kent estivesse orgulhoso de sua realização, e não foi uma surpresa quando, na reunião seguinte da equipe, um dos líderes da empresa o presenteou com um vale-compras por sua dedicação.

Segundo ele, seu pensamento foi "Ah, tá, um vale-compras de 25 dólares. Provavelmente na hora nem pensei muito a respeito, exceto pelo que aconteceu em seguida".

O mesmo executivo sênior bateu palmas para chamar a atenção de todos e anunciou: "Bom, vamos nos divertir um pouco. Quem sabe quais são os times que jogam no Super Bowl neste fim de semana?". A mulher sentada ao lado dele levantou a mão e deu a resposta certa. E o que ela ganhou? Adivinhou: exatamente a mesma coisa. Um vale--compras de 25 dólares.

Nosso amigo riu ao contar o episódio: "Não fiquei aborrecido, achei engraçado. Mas também não saí da reunião achando que o meu trabalho tinha sido valorizado".

Mais de 75 mil pessoas fizeram nossa Avaliação da Motivação até o momento, e os resultados salientam que cada uma neste planeta tem uma combinação particular de fatores que a levam a realizar seu trabalho. Para elaborar essa avaliação, trabalhamos com os doutores Travis Bradberry e Jean Greaves, autores do livro *Inteligência emocional 2.0*, além de fundadores da TalentSmart, uma empresa de avaliação da inteligência. Esses ilustres psicólogos e seu time de cientistas do comportamento testaram motivadores em potencial numa população de profissionais adultos do mundo todo a fim de determinar quais eram os mais comuns e significativos. O que constataram foi um conjunto final de 23 fatores motivacionais no ambiente de trabalho.

    Alcançar a excelência
    Amizade
    Aprendizagem
    Apropriação do trabalho
    Autonomia
    Criatividade
    Desafio
    Desenvolver outras pessoas
    Dinheiro
    Diversão
    Empatia
    Empolgação
    Família

Impacto
Pressão
Prestígio
Propósito
Reconhecimento
Resolução de problemas
Responsabilidade social
Serviço
Trabalho em equipe
Variedade

Nossos resultados revelam que todos os seres humanos têm em comum esse conjunto de fatores motivacionais básicos no trabalho. As nuances da natureza peculiar de cada pessoa se evidenciam não apenas em quais são mais importantes para ela, mas também na ordem em que suas prioridades são definidas, de 1 a 23.

Quando apresentamos esses motivadores aos líderes, eles acabaram percebendo algumas coisas. Por exemplo, visitamos um grande centro médico que padecia com as consequências da alta rotatividade no quadro da enfermagem. Valiosos profissionais bem qualificados estavam indo embora quase tão rápido quanto eram contratados. O líder mais antigo de todos disse: "Acho que não estamos acertando o alvo com nossas enfermeiras. O que motiva aquela que trabalha na obstetrícia é muito diferente do que motiva a da emergência ou do setor de oncologia. Mas estamos tratando todas da mesma maneira; para nós são 'enfermeiras'. Precisamos começar a entender o que realmente motiva uma pessoa a querer entrar em determinada equipe, e até quem já está nela há um bom tempo. Precisamos alocar as pessoas ao papel certo, claro, mas também precisamos atribuir a cada enfermeira tarefas específicas que sejam motivadoras e significativas para elas".

Exatamente. Algumas pessoas que fazem um determinado serviço podem se sentir especialmente motivadas por trabalhar em equipe, enquanto outras preferem a chance de aprender algo novo por conta própria, e um terceiro grupo quer ajudar os colegas a desenvolver seu talento. Há quem se sinta fortemente motivado pelo desejo de ganhar muito dinheiro e quem dê mais valor a exercitar sua criatividade.

Líderes inteligentes usam esse conhecimento dos fatores que motivam cada um para customizar as demonstrações de gratidão a cada membro da equipe. Por exemplo, quem é motivado por conceitos como autonomia e alcançar a excelência pode se sentir mais reconhecido quando tem a oportunidade de trabalhar com independência num projeto importante, enquanto outro indivíduo mais motivado pelo trabalho em equipe e pela amizade se sentiria mais valorizado quando organizam uma comemoração com os colegas para festejar uma grande vitória profissional.

Como disse Chad Pennington, ex-jogador da NFL, "customizar sua gratidão para uma pessoa específica demonstra, em primeiro lugar, empatia e, em segundo, que você está sintonizado com o que ela está realizando. Demonstra que ela é importante especificamente para o sucesso da equipe".

Ele também afirma que, "num time, não existe 'eu', mas às vezes as pessoas conseguem se esconder por trás do conceito de equipe e não investem aquele esforço individual para tornar o grupo melhor. Portanto, quando um líder de verdade expressa gratidão para reconhecer a contribuição de alguém que está obtendo a excelência, isso injeta mais ânimo nessa pessoa que está deixando a equipe melhor".

Conversamos sobre essa ideia com Jane Martínez Dowling, presidente e CEO da ExpandED Schools, uma ONG que cria programas extracurriculares para mais de um milhão de crianças na cidade de Nova York. Ela afirma que individualizar a gratidão é essencial em seu trabalho com a equipe e as crianças atendidas, especialmente as meninas e as minorias étnicas que podem se sentir marginalizadas pela sociedade: "Venho de uma cultura em que é importante dizer como você se sente, todo dia. A gratidão está em tudo o que faço e tem de ser baseada na pessoa que a recebe, desde como assino os e-mails, como começo e termino as frases, como celebro marcos significativos. Um sorriso pode demonstrar gratidão para uma pessoa, e, outras vezes, a gratidão é um texto, um bilhete, para deixar claro que estou pensando em uma pessoa e que sei que ela está dando o melhor de si".

A zona indistinta da gratidão

Infelizmente, muitas vezes os gestores veem as coisas pela própria óptica quando demonstram gratidão e, com isso, enxergam somente o que é confortável e conhecido. Nosso cérebro não gosta de zonas indistintas. Pense assim: na corrida pela eleição, se gostamos de um candidato, nossa tendência é não ver nada além de maravilhas nele, e nada além de defeitos nos rivais. E o que acontece se, por exemplo, nosso candidato perfeito faz uma declaração ao vivo que, digamos, destoa dessa imagem? Nossa reação mais comum é deixar isso de lado. Nosso candidato é bom; não podemos dizer que é mau. Preferimos sempre preto e branco.

Mas a vida raramente é simples, e a gratidão sem dúvida não é. Nem todos os que estão trabalhando conosco apreciam as mesmas recompensas e costumam valorizar coisas bem diferentes das de seu líder. Aprendemos essa lição bem no início da nossa carreira e, desde então, ela serviu para definir uma parte da nossa pesquisa subsequente.

Quase 20 anos depois de nos conhecermos, trabalhamos juntos como líderes novatos numa grande corporação. Na época, Chester perguntou ao seu CEO se deveria recompensar Adrian por uma grande conquista, que era ter escrito e publicado o primeiro livro de liderança da empresa. Os principais motivadores de Chester eram amizade, diversão e trabalho em equipe, então ele achou que saberia bem como Adrian gostaria de ser valorizado: exatamente como ele próprio. Ele então pediu ao CEO que convidasse Adrian para um evento de gala oferecido a toda a divisão de vendas (com quem Adrian não trabalhava e que incluía pessoas que não conhecia), ao final do qual ele seria presenteado com um belo relógio de pulso. Que noite maravilhosa Adrian teria, Chester imaginou. Faria amizade com gente do país inteiro. E o relógio seria perfeito porque Chester adora relógios e reparou que Adrian não usava nada no pulso.

Bom, vamos lembrar que os três principais fatores motivacionais de Adrian são criatividade, família e autonomia. Para ele, diversão, amizade e trabalho em equipe (fatores motivacionais muito importantes para Chester) estão respectivamente nas posições 16, 17 e 21 na escala de 23 fatores. Embora não seja um misantropo completo, socializar não é exatamente o que o impulsiona a trabalhar. Se, nessa época, Chester tivesse compreendido os fatores motivacionais do amigo, teria pedido ao CEO para lhe dar a oportunidade de liderar algum projeto de inovação ou talvez lhe conceder alguns dias de folga para passar com a família. Infelizmente, Chester não desconfiava de nada disso naquela época. Por isso, apesar de Adrian sem dúvida apreciar o esforço – ele sabia que a intenção tinha sido muito boa –, a recompensa não foi tão significativa quanto teria sido, uma vez que ele teve que passar uma noite longe da família num lugar cheio de desconhecidos para receber de presente um relógio de pulso que ainda continua na caixa, duas décadas depois.

Embora contemos essa história como exemplo de um reconhecimento que poderia ter sido mais bem direcionado, uma lição crucial que aprendemos foi sermos gratos por todas as demonstrações sinceras de gratidão que recebemos. Adrian foi elegante nesse caso, como deveria ter sido, e quando falamos com grupos de funcionários salientamos que todos os elogios e todos os agradecimentos por parte dos líderes devem realmente ser valorizados, que vale a pena ser diplomático e receptivo quando alguém nos diz que fizemos algo excelente.

Quando crianças, adoramos que nos elogiem e nos deem os parabéns. Na idade adulta, muitas pessoas minimizam os elogios que recebem e evitam ser parabenizadas. Quando ouvem que fizeram um bom trabalho, a resposta costuma ser "Ah, nem foi o melhor que já fiz". Se alguém elogia a blusa que você está usando, logo vem o disparo: "Ficaria bem se eu não tivesse engordado tanto".

Por favor, lembre que "obrigado" é a resposta perfeita à gratidão; na verdade, é a única necessária. Quando nos mostramos ingratos diante de um gesto de agradecimento, o presente é depreciado, a pessoa que o deu é insultada, e o gesto morre na raiz. Para quem expressa gratidão, basta dizer "de nada" ao ouvir "obrigado"; essa resposta funciona muito bem numa comunidade que fala a mesma língua. Nem mais, nem menos.

O que pelo quê?

Muitas vezes nos perguntam que valor atribuir a certas conquistas. Como seria bom se todos tivéssemos um computador daqueles de desenho animado em que cientistas de jaleco digitam várias informações, puxam uma alavanca, e a máquina então cospe aquela tirinha de papel com a resposta certa. Infelizmente, esse importante trabalho informatizado sobre gratidão nunca fez muito progresso, mas nós podemos oferecer um pouco de programação.

Vamos começar com um exemplo para iniciar o trabalho no seu computador. Juan, do departamento de atendimento ao cliente, coloca Mark, um novo funcionário, debaixo da asa e explica todas as entradas e saídas do complexo sistema de CRM, além de responder a todas as perguntas com um entusiasmo contagiante. Em poucas semanas, Mark já está trabalhando com independência e se tornou alguém a quem outros membros da equipe recorrem. Juan merece sua gratidão, sem dúvida, mas você diz "obrigado", manda um e-mail de agradecimento ou paga uma semana de férias de mergulho nas Maldivas?

Para discernir o nível de recompensa apropriado, recomendamos que você defina se a conquista é: (1) um pequeno passo na aplicação de seus valores; (2) uma realização única, de grande porte, que reforça seus valores e torna sua equipe ainda mais bem-sucedida; (3) uma demonstração contínua e além das expectativas de seus valores em ação; (4) uma realização que tem um impacto significativo no resultado final.

Com isso, o valor de sua mostra de gratidão recairá em uma destas quatro categorias: (1) digna de elogio; (2) digna de recompensa; (3) nível platina; (4) nível diamante. Vamos explicar cada uma delas um pouco mais.[68]

No caso da gratidão para o que é digno de elogio, o gestor encoraja aqueles pequenos passos que levam a equipe ao sucesso. Os elogios são dirigidos aos funcionários que batem as metas de desempenho ou fazem as coisas em sua área de atuação, como entregar os relatórios no prazo, ir além do esperado para completar uma entrega para um cliente, manter uma postura positiva durante uma crise, correr um risco calculado que afinal não dá muito certo etc. Nesse nível, a gratidão pode ser praticada em público com palavras elogiosas ou por meio do envio de uma nota escrita à mão ou de um e-mail, ou até mesmo dando alguma coisa de pouco valor monetário, como ingressos para o cinema, uma guloseima favorita, um vale-café.

A gratidão digna de recompensa é para conquistas únicas que demandaram esforço extra e promovem seus valores essenciais e aumentam o sucesso da equipe. Enquanto os elogios são por corresponder a expectativas, a recompensa é por algo feito além do âmbito típico das tarefas. Nesse caso, pode envolver o funcionário que atua numa equipe interdepartamental, atende um cliente importante que ficou aborrecido e, com sua atuação, salva a situação, assume uma incumbência adicional ou trabalha além do horário para concluir um projeto importante ou finalizar uma entrega, acha uma maneira de melhorar um processo ou descobre uma solução criativa para resolvê-lo; ou ainda a equipe que propõe um ótimo conceito de venda para um possível cliente. A maioria das recompensas nesse nível tem valor inferior a 100 dólares e costuma vir na forma de algo tangível e significativo para a pessoa.

As recompensas do nível platina são para os funcionários que realizam um trabalho excelente. As pessoas são merecedoras desse nível de gratidão se demonstram consistentemente os valores da empresa, por exemplo, sendo sempre aquele que se prontifica a lidar com problemas desafiadores de clientes, ou a fazer hora extra várias semanas seguidas para cobrir um colega em licença; são os funcionários que se empenham para desenvolver e implantar mudanças sofisticadas que vão melhorar a eficiência da equipe, ou que sempre demonstram uma notável capacidade de ensinar os novatos. Se você sabe que às 17h05, depois do expediente, Susana não hesita em abrir a porta para um cliente desesperado, ela provavelmente merece um gesto de gratidão nível platina, além de reconhecimento público. Se quiser traduzir essa atitude em dinheiro, o valor da recompensa deve ser menos de 500 dólares.

A gratidão no nível diamante é reservada a comportamentos que geram benefícios financeiros significativos para a organização. Essas recompensas prestam reconhecimento a funcionários que fizeram algo que teve um grande impacto nos resultados da empresa: talvez o desenvolvimento de um novo sistema que economiza gastos da organização, a obtenção de uma patente, conquistar um novo cliente importante, alcançar uma meta de vendas ambiciosa, fazer parte de uma equipe responsável por uma proposta criativa que resultou num acordo de larga escala, trabalhar para manter um cliente importante com um pé na porta... você entendeu o conceito. Como essa gratificação pode ser proporcional à conquista, um componente financeiro pode ser incluído, mas normalmente deve haver também uma lembrança tangível do que foi realizado, assim como um momento de reconhecimento público.

***

Falamos com um funcionário de tecnologia que recordou uma conquista feita que lhe pareceu digna de reconhecimento nível diamante. Ele tinha se oferecido para trabalhar o dobro para corrigir o software para relatórios da empresa, que havia sido diagnosticado como impreciso. A missão lhe havia custado um mês de muitas horas a mais de trabalho e fins de semana no escritório: "Nossos clientes nos disseram que, se não corrigíssemos o problema imediatamente, iam cancelar o contrato conosco. Era uma questão de tudo ou nada". O funcionário explicou que, antes de iniciar o projeto, a chefe tinha deixado claro que haveria uma grande recompensa ao final. Com o projeto concluído, ele ficou esperando. Muito tempo. Por fim, entrou na sala da chefe e perguntou se ainda deveria ter alguma expectativa.

"Ela disse: 'Ah, certo... Bom, vou ter de pedir aprovação ao CEO", lembrou o funcionário. A chefe então perguntou se o funcionário queria que ela fosse em frente e pedisse essa autorização. Ele disse que sim, que seria bom, uma vez que isso tinha sido prometido: "E ela me disse que me avisaria quando fosse aprovado".

Passaram-se mais algumas semanas até que a chefe passou por sua mesa e avisou que um bônus em dinheiro tinha sido aprovado: "Só que, em vez de ficar empolgado, pensei que já não era sem tempo", disse ele.

Ela informou que, provavelmente, o bônus seria incluído no próximo pagamento ou no seguinte. E o golpe final foi que, algumas semanas depois, ele recebeu uma ligação do setor de pagamentos, e a funcionária perguntou por que ele estava recebendo um valor extra. Constrangido, teve de explicar o bônus. A funcionária então desligou na cara dele depois de dizer que aquilo era totalmente irregular. *Certo.*

"No final, minha esposa me telefonou e disse que o bônus tinha aparecido no meu contracheque. Foi ela quem disse 'Você mereceu'". Não houve nenhuma forma pública de reconhecimento e nenhum reforço positivo por essa dedicação, com a qual outros funcionários poderiam ter aprendido.

Esse sujeito acabou provando ser melhor na prática da gratidão do que a chefe. Apesar da decepção, ele comprou um cartão e escreveu um bilhete agradecendo à chefe pelo esforço de conseguir o bônus e, no dia, agradeceu verbalmente a ela.

A gratidão não é um bem genérico

Quando se trata de expressões de gratidão, um "obrigado" genérico não chega nem perto de uma demonstração individualizada. Distribuir "muito bem" a torto e a direito pode inclusive irritar quem trabalha para você. O elogio genérico faz pouco ou nenhum sentido e, com o tempo, acaba aborrecendo as pessoas porque é visto como um gesto desrespeitoso e negligente. Mesmo assim, provavelmente todos nós conhecemos o chefe que dispara chavões a esmo – "Bom trabalho, pessoal" – enquanto passa pelo labirinto de estações de trabalho a caminho de algo mais digno do seu tempo, possivelmente uma reunião com o alto escalão na qual vai receber o crédito pelo trabalho feito por sua equipe. É quase como se ele fosse acrescentar "Bom trabalho, pessoal... *seja lá o que tenham feito*".

Os líderes que lançam jatos de agradecimento sobre a equipe como se fossem aromatizadores de ambiente acham que estão sendo magnânimos, mas, na realidade, são vistos como negligentes e desconhecedores das tarefas específicas que seus funcionários executam e da dificuldade do trabalho que fazem, ou ainda como frios e indiferentes às necessidades emocionais daquelas pessoas. Por exemplo, dizer "Obrigado pelo relatório" é bom, mas um pouco superficial; já dizer "Obrigado pelo relatório. O trabalho ficou minucioso e foi bem pesquisado. Vocês atentam para detalhes que quase nunca são considerados" serve para a equipe entender o valor que o trabalho ganhou. Afinal, o que você prefere ouvir?

O dr. David Cherrington, professor de liderança organizacional na Universidade Brigham Young, nos apresentou um exemplo excelente da importância desse conceito não só no trabalho, mas também na vida pessoal.[69] Num workshop que estava dando em certa empresa, Cherrington descreveu sua ideia do que era o elogio específico, e um homem no grupo retrucou, afirmando, como já vimos muitos outros gestores fazerem, que qualquer tipo elogio tem um impacto positivo no local de trabalho. Ele completou que dizia "bom trabalho" para sua equipe e que sem dúvida as pessoas pareciam apreciar essas palavras.

Cherrington perguntou se o homem tinha filhos, e ele disse que sim, que tinha três. O professor então lhe perguntou se concordava em fazer um experimento naquela noite e depois contar o resultado para o grupo, no dia seguinte. Ele deveria demonstrar apreço por cada um dos filhos, individualmente, na presença da esposa, dizendo apenas "Só queria que você soubesse quanto sou grato por tudo o que você faz". Em seguida, sem dizer mais nada, deveria sair dali.

Segundo Cherrington, "depois que o pai fez esse comentário e saiu, a esposa perguntou ao caçula por que o pai teria agradecido, e o menino, de 10 anos, respondeu: 'Acho que ele deve estar chateado porque não lavei a louça". É... o exato oposto da reação que o pai estava esperando.

Já a filha de 13 anos comentou: "Não sei por que ele disse isso. Talvez só estivesse mais emotivo". Nada mau, mas certamente não era o que o pai estava esperando.

Quando o pai foi falar com a filha de 15 anos, pensou que talvez acrescentar sinceridade ainda salvasse o experimento, então, inspirado em William Shatner, ele fez uma performance comovente e disse para a mais velha: "Becky, só queria que você soubesse quanto agradeço por tudo o que você faz". Quase perdendo o controle das emoções, o pai saiu do quarto.

A mãe perguntou a Becky o que achava que o pai tinha querido dizer com aquela declaração. Com poucas palavras, a garota captou o que muitos funcionários pensam na mesma situação: "Sei lá, mãe. Acho que o papai não tem a menor ideia do que acontece por aqui".

Ah, a sabedoria da juventude...

Um ótimo exemplo de especificidade aplicada corretamente ocorreu neste episódio de gratidão breve e altamente eficaz que observamos há pouco tempo. Uma gestora inteligente reuniu sua equipe e começou a agradecer os sete integrantes, um a um, pelo trabalho desenvolvido em determinado projeto. O que nos impressionou mais foi ela mencionar a contribuição específica de cada pessoa e basear seus comentários principalmente na personalidade de cada uma. Para uma mulher de temperamento mais autoconfiante, a líder disse: "Cindy, quero agradecer a você por ter mantido o ritmo das análises. Precisávamos de sua percepção e de suas orientações, e a coisa toda não teria decolado sem esse trabalho preparatório". Para um rapaz mais tranquilo, ela disse: "Jered, você manteve o andamento das coisas na equipe quando tudo ficou mais estressante e louco. Vocês concordam, pessoal? (As pessoas assentem.) Precisávamos da sua influência tranquilizadora".

Em nossa opinião, as palavras específicas que ela usou tornaram esse momento muito mais memorável. Ainda lembramos com clareza a expressão no rosto das pessoas quando elas perceberam que a gestora tinha reparado em cada uma delas e valorizado sua contribuição. Ela demonstrou que realmente as conhecia e era capaz de apreciar os atributos particulares de seu estilo de trabalho na execução do projeto.

Nenhuma tarefa é assustadora

Entendemos que o conceito de customizar a gratidão pode parecer exorbitante para o líder ocupado. Como esperar que o chefe saiba como personalizar as palavras e as gratificações, sobretudo se estiver liderando 20 pessoas ou uma equipe que inclui funcionários que não se reportam diretamente a ele? Bem lembrado. Essas foram as razões principais para a elaboração da Avaliação dos Motivadores. Quando os gestores fazem suas equipes preencherem o questionário, surgem ricas discussões em que a gratidão (além de outros aspectos como o desenvolvimento da carreira) pode ser adaptada para corresponder aos fatores motivacionais específicos da pessoa.

Também ficamos sabendo de outras ótimas abordagens. Veja o caso da Button, uma empresa de tecnologia na cidade de Nova York.[70] Logo no primeiro dia no trabalho, é solicitado que o funcionário preencha um questionário em que deve descrever em detalhes um momento em que se sentiu valorizado por seu desempenho profissional. Com base nos elementos específicos registrados, os gestores podem customizar o reconhecimento de cada um deles, seja de forma pública ou privada, uma recompensa tangível ou uma experiência memorável etc. Muito inteligente e fácil.

Outra ideia incrível nos foi apresentada numa conversa com Paul Hewitt, chefe do Corpo de Bombeiros de Park City, em Utah. Antes de assumir o posto, e deixar uma agência de outro estado, ele pediu as fotos dos seus 90 funcionários próximos, colou cada uma num cartão e memorizou cada nome e cada rosto. Também pediu para cada integrante da equipe escrever uma análise FOFA (Forças, Oportunidades, Fraquezas e Ameaças, ou SWOT, na sigla em inglês) do departamento, apresentando suas próprias ideias para melhorias. Segundo ele, "assim como um pai ou uma mãe precisa conhecer os filhos, o chefe precisa conhecer seus funcionários tanto pessoal como profissionalmente". Essa política tem gerado conversas úteis sobre os aspectos em que o serviço aos moradores pode ser melhorado, assim como a experiência de trabalho para os bombeiros pode ser aprimorada. As manifestações de gratidão de Hewitt têm sido muito mais específicas para cada indivíduo de sua equipe.

Outro exemplo interessante vem de Brad White, que jamais se esquecerá de uma recompensa personalizada no aniversário de seus 10 anos como vice-presidente de vendas na AddVenture Products, em San Diego.[71] O dono da empresa, Alan Davis, presenteou seu vendedor com duas bolas de beisebol autografadas pelo jogador favorito de White, Ricky Henderson, antigo astro da liga principal. White conta que "estava diante da empresa toda, recebendo o presente, completamente pasmo, honrado, em choque, grato e empolgado. O valor de ter um chefe que realmente se importa, que conhece você, e vai além do esperado para demonstrar sua consideração não pode ser medido".

RESUMO DA PRÁTICA
Sob medida para cada indivíduo

- Nem todos em uma equipe apreciam as mesmas recompensas e em geral dão valor a coisas muito diferentes das que o líder prioriza.
- As pesquisas demonstram que todos os seres humanos têm em comum um conjunto de 23 fatores motivacionais no trabalho. As nuances da natureza peculiar de cada um se manifestam em sua ordem de prioridade e de importância. Líderes inteligentes usam o conhecimento dos fatores motivacionais individuais para personalizar as manifestações de gratidão a cada integrante da equipe.
- Para entender o nível da recompensa, defina se a realização é (1) um passo rumo à aplicação de seus valores; (2) um passo único de maior escala, que reforça seus valores; (3) uma demonstração prática, contínua e além do esperado de seus valores; (4) uma conquista que gera um impacto significativo nos resultados.
- "Obrigado" é a única resposta necessária à gratidão. Quando não somos gratos pela gratidão, isso diminui o presente, insulta quem o oferece e faz cessar os presentes.

15

Reforce os valores essenciais

Um tema comum mencionado por muitos líderes que entrevistamos é: as demonstrações de gratidão devem estar associadas a comportamentos alinhados com a empresa ou com os valores essenciais da equipe. Segundo eles, o apreço é uma forma poderosa de reforçar a importância desses princípios vitais.

Inclusive, a gratidão focada e específica pode resolver um grande problema que constatamos em muitas organizações: os líderes passam bastante tempo definindo um conjunto de valores essenciais, transmitindo-os a todos e, mesmo assim, essas ideias não chegam a ganhar vida como modelos básicos de operação, diários e aplicados a todos os aspectos – mesmo os menores. Tornam-se meros chavões emoldurados e pendurados pelos corredores.

Um problema é que os próprios líderes não costumam exibir esses valores, pelo menos não de modo consistente. Outro problema é que, em geral, as ideias são citadas só da boca para fora. Os líderes convocam uma reunião geral para falar delas e podem até distribuir cartões que os funcionários devem ter à mão para poder ler rapidamente quando se veem diante de um dilema moral – "Só um segundo, amigo, vou conferir o cartão dos valores antes de roubar esta copiadora".

Uma declaração de valores num cartão não é convincente.

Um gestor explicou: "Imprimimos cartões para serem levados na carteira. Todos ganharam um. Cada uma de nossas salas de reunião tem um pôster emoldurado com o texto dos valores". Mas ele ficava impressionado porque, apesar disso, a conduta das pessoas não condizia com tais valores.

É sábio o antigo ditado segundo o qual "um gesto vale mais que mil palavras". Não só os próprios líderes devem agir de acordo com os valores, mas também precisam demonstrar que de fato apreciam os funcionários que os colocam em prática.

Demonstrar gratidão é uma das maneiras mais eficientes e memoráveis de reforçar o compromisso do líder com os valores, além de representar uma poderosa oportunidade de comunicar por que esses ideais elevados são tão importantes – sem falar no que pode dar errado se não forem demonstrados. A gratidão cria oportunidades de dar especificidade ao conjunto dos valores essenciais.

De vez em quando nos pedem ajuda na reelaboração da missão de uma organização, de sua visão e de seus valores para definir melhor quem é a empresa, para onde está indo, como vai chegar lá. Para ter um melhor entendimento da cultura, primeiro organizamos *focus groups* com os funcionários. É quando ficamos sabendo que há um pouco de ceticismo a respeito dos valores. Eles costumam repetir que são céticos (que falta de criatividade). Em parte, essa postura parece decorrer de uma indefinição dos próprios valores. Uma empresa defendia valores que incluíam trabalho em equipe e responsabilidade. Um funcionário se queixou assim: "Ninguém até hoje nos disse *como* querem que pratiquemos esses valores; por exemplo, nunca definiram 'trabalho em equipe'. Isso significa trabalhar com as pessoas do meu departamento ou com outros grupos da empresa? Porque não fazemos isso. E será que não sabem que, às vezes, o trabalho em equipe pode estragar tudo? Muitas vezes, diminuo o ritmo para tentar fazer outras pessoas participarem, mas aí fica uma coisa muito confusa. Tudo fica atrasado, e eu só queria ter seguido em frente sozinho, fazendo o que estava fazendo". Outro funcionário acrescentou: "Fico me perguntando sobre essa coisa da responsabilidade. Tem um sujeito na equipe que sei que está fazendo corpo mole. Devo denunciar? Isso é ter responsabilidade?".

O que o gestor deve fazer?

O que o gestor deve fazer para trazer clareza? Talvez compartilhar um PowerPoint detalhando todos os aspectos específicos? Na verdade, essa ideia pode não ser tão bizarra. Quando o CEO da Netflix, Reed Hastings, postou na rede um arquivo com 125 slides chamado Culture Deck, o material se tornou um fenômeno e foi visualizado dezenas de milhares de vezes.[72] Hastings e sua diretora de RH, Patty McCord, junto com outros membros do escalão executivo, levaram alguns anos elaborando essa referência, que era apresentada aos funcionários recém-contratados. O que tornou esse material tão eficiente foi a descrição dos comportamentos específicos que eram esperados da equipe toda, a manifestação dos valores em ações como "Pense estrategicamente e fale o que você está e o que *não* está tentando fazer" e "Mantenha a calma em situações estressantes". Se você não leu esse documento, recomendamos que o procure na internet e o leia.

Claro que uma comunicação de valores tão sofisticada e expressada com clareza é muito rara, razão pela qual esse referencial da Netflix tem sido tão avidamente assimilado por pessoas no mundo todo. Ansiamos por esse nível de especificidade. Se você ocupa uma sala no andar dos executivos – ou se os líderes do mais alto escalão são receptivos a esse tipo de recomendação –, você pode tentar ajudar sua organização a criar um documento assim. Ajudamos um grande banco a fazer exatamente isso pouco tempo atrás, e pedimos a grupos de funcionários do mundo todo para citar os comportamentos esperados para o que chamaram de sete "capacitadores", aqueles valores essenciais que os *capacitavam* a colocar em prática a missão da empresa. As sessões de treinamento com todos os funcionários incluíam períodos de brainstorming sobre como cada um poderia praticar os valores e comportamentos esperados em suas atividades. Como um funcionário de TI comentou depois de uma sessão, "é a primeira vez que realmente entendi o impacto do meu trabalho no banco como um todo".

Mesmo com essa forma de auxílio, para que os valores possam ser assimilados nas normas operacionais diárias, é essencial que os líderes exercitem o reforço positivo dos comportamentos praticados. Para a redação deste livro, tivemos o privilégio de entrevistar Frances Hesselbein, considerada por Peter Drucker, o guru da gestão, "a melhor líder que já conheci". Hoje com 103 anos, a antiga CEO da organização Girl Scouts dos Estados Unidos explicou que os valores precisam estar ligados a ações para que se tornem hábitos: "Temos líderes que se baseiam em valores, estão focados na missão, têm uma gratidão movida pelo público. Temos os líderes que vivem com gratidão em suas palavras e atos. Estes são os líderes do futuro. Sem gratidão, temos os líderes do passado".

Para os gestores, um dos grandes benefícios dessa prática de associar gratidão aos valores é a alegria de observar continuamente a ampla variedade de maneiras criativas que as pessoas encontram para demonstrar os comportamentos desejados. Sempre vamos nos lembrar que uma funcionária da lavanderia de uma cadeia de hotéis foi recompensada por praticar o valor "integridade" da empresa. Ela tinha encontrado um grande maço de dinheiro dentro da fronha de um hóspede; a fronha tinha ido para lavanderia. Ela correu para a sala do gerente, entrou de supetão e relatou o que tinha achado. Naquele momento, o gerente estava atendendo a um hóspede descontente. Ao que parece, o homem tinha perdido seu dinheiro no quarto. Para encurtar a história, o dinheiro e o hóspede se reencontraram, e a moça da lavanderia foi elogiada por sua integridade diante de toda a equipe do hotel.

Bem, não sabemos em que tipo de "negócios" esse hóspede estava envolvido para ter tanto dinheiro vivo à mão e escondido em fronhas, então provavelmente foi uma boa ideia devolver a bolada. Ainda assim, que fantástico momento de aprendizagem ocorreu quando o gerente disse em sua manifestação pública de gratidão: "Integridade é algo essencial. Se nossos hóspedes não podem confiar no hotel, não vão ficar aqui, simples assim".

Para nós tanto quanto para você

Outra reação negativa de funcionários a declarações de valor por parte da empresa é aquela que supõe que a liderança precisa explicar às pessoas qual é o jeito certo de viver. Não estamos afirmando que as empresas não devam comunicar seus valores; aliás, consideramos esta uma prática essencial. Mas é importante deixar claro para os funcionários que esses valores existem para nortear a conduta de todos: os líderes, os funcionários, a organização como um todo. E, em nosso trabalho, temos visto consistentemente que a maioria dos funcionários deseja de verdade que a empresa tenha valores e os honre. Não existe maneira melhor de garantir isso aos funcionários do que demonstrar aberta e consistentemente a valorização daqueles que atuam segundo esses princípios.

Um líder que é dessa opinião é Henry Timms. Quando era presidente e CEO do 92nd Street Y, um centro cultural e comunitário do Upper East Side em Manhattan, Nova York, ficou profundamente impressionado com o comprometimento dos funcionários em relação à missão do lugar. Ele conta: "Não estamos tentando inventar uma pasta de dente de que o mundo não precisa. Tentamos deixar as pessoas mais felizes, mais conectadas umas às outras, ajudando-as a encontrar os talentos que guardam em si mesmas. Isso significa que todo dia cada membro da equipe entra pela porta para melhorar a vida das pessoas".

Esse desejo de fazer algo pelo outro é muito comum nos ambientes de trabalho. A força de trabalho hoje está tão encantada com a ideia de alinhar seus valores com os da organização que incríveis 95% de candidatos a vagas dizem que a cultura é mais importante do que a compensação financeira, segundo uma pesquisa da Universidade Johns Hopkins.[73] É praticamente uma certeza, hoje em dia, de que seus possíveis novos empregadores farão uma extensa pesquisa sobre você na internet, nas mídias sociais e em sites de carreiras. O que estão buscando? Em primeiro lugar, quem você afirma que é (essa é a sua marca) e, em segundo, se as pessoas que trabalham para você acham que você pratica o que afirma (essa é a sua cultura).

Quando a gratidão é expressa de maneira consistente e significativa aos que colocam os valores em prática, os membros da equipe se tornam seus maiores defensores. A avalanche de comentários positivos sobre uma organização e sua cultura nas mídias sociais e em sites de carreira é inestimável no poder de recrutamento e de fortalecimento da marca, tornando-a a principal escolha dos candidatos. Outra vantagem: os possíveis contratados têm um claro entendimento do que devem esperar antes de entrar na empresa, o que significa que os líderes (e os novatos) podem avaliar melhor os encaixes durante o processo de entrevista e, assim, poupar muito tempo e esforço de todos. A Netflix descobriu que seu Culture Deck tem sido um ímã poderoso para atrair funcionários de alta qualidade – um benefício com que não contavam. Sucessivos candidatos começavam dizendo que tinham enviado o currículo porque tinham gostado do que o conteúdo do PowerPoint sugeria sobre como a empresa desejava ser.

A seguir, apresentamos nossas melhores sugestões para associar a gratidão aos valores de uma equipe ou organização. Nossa recomendação é que você comece antes que um novo funcionário o faça.

Dando a partida antes da contratação

O passo mais importante para colocar em prática os valores essenciais de uma cultura é descobrir as maneiras de introduzi-los nas tarefas diárias dos funcionários. Quando feito da maneira certa, esse processo começa antes mesmo que uma pessoa entre na empresa, ainda no processo de seleção, compartilhando histórias de como os conceitos foram aplicados a outros funcionários. Depois, no primeiro dia, vem um procedimento robusto para ajudar os novos funcionários a compreender a relevância dos valores e o que devem esperar quando começarem a trabalhar – e o que não esperar. Dan Gilbert, fundador da Quicken Loans, e o CEO Bill Emerson, por exemplo, passam um dia inteiro pessoalmente na orientação de cada novo funcionário, descrevendo a cultura da empresa e seus 19 valores.[74] Além disso, a companhia publica anualmente um livro sobre os valores em ação.

Gail Miller, proprietária do Larry H. Miller Group of Companies, contou que tenta, "desde o primeiro dia, engajar as pessoas em nossos valores e fazê-las compreender o que representam e de onde vieram. Isso gera lealdade, gratidão pelo emprego e gratidão pelo fato de estarmos nos associando com pessoas de mentalidade igual à nossa". Os valores defendidos pela empresa de Miller são integridade, empenho, serviço e direcionamento. Embora os conceitos aos quais são apresentados sejam simples, os novos funcionários recebem exemplos específicos durante o treinamento que explicam como os outros vêm praticando esses ideais em suas tarefas e como cada um deles pode incorporar os valores em suas incumbências diárias.

Talvez sua organização não tenha um processo de iniciação tão estruturado. Algumas empresas dedicam a orientação aos novos funcionários a descrever quase exclusivamente a história da firma, seus produtos e serviços, ou as regras de segurança, explicitando muito pouco quais são os valores. Nesse caso, o gestor pode compensar isso fazendo a revisão detalhada desses ideais numa reunião individual com cada novo contratado, deixando claro como espera que pratiquem os valores.

Relatos de casos são a melhor maneira de transmitir que essas ideias realmente importam e de esclarecer como podem ser aplicadas. Soubemos de uma história impressionante numa empresa de distribuição de gás e petróleo que envolveu a orientação a um novo funcionário, durante a qual a instrutora falou de um de seus técnicos de campo (a quem chamam de *pumpers*) que chegava para conferir um dos poços operados por um equipamento chamado *nodding-donkey*, no meio do deserto do Colorado. O técnico constatou que o poço estava cercado por um metro de água – oriunda de um vazamento de uma nascente – e percebeu que seria impossível chegar de carro lá e fazer as medições ou consertar o que estivesse quebrado.

A instrutora explicou: "Nosso técnico voltou para a estrada, pegou um bote a remo emprestado de um fazendeiro e voltou remando para conferir o poço. Estava tudo em ordem, e ele conseguiu terminar seu turno. Quando fiquei sabendo desse caso, pensei que era um ótimo exemplo de aplicação dos nossos valores essenciais". Em seguida, ela perguntou aos participantes quais valores da empresa achavam que tinham entrado em ação nesse caso. Rapidamente teve início um bom debate no qual os novos funcionários mencionaram "criatividade" e "segurança" com bastante frequência.

Outro ponto em que insistimos para ajudar a incutir os valores de uma organização é que a liderança os priorize para resolver possíveis conflitos de valores entre os funcionários. Digamos que um valor essencial seja "velocidade" e outro seja "comportamento ético". Bom, para atender rapidamente à solicitação de um cliente ou lançar um novo produto no mercado, é possível para um funcionário achar um atalho? Claro que sim. E quanto aos valores da "responsabilidade" e da "excelência"?[75] Em sua ânsia para cumprir um prazo e ser *responsável*, o funcionário poderia sacrificar a qualidade e a *excelência*? Sem dúvida. É por isso que sempre recomendamos que os valores sejam classificados em ordem de importância para que, por exemplo, os funcionários entendam que o comportamento ético prevalece diante da velocidade num cenário, e que a excelência é prioridade maior do que a responsabilidade no outro. Também recomendamos que os líderes ajudem a equipe a entender os conflitos de valores mais comuns e a encontrar maneiras de lidar com eles.

O gestor também deve deixar claro que, se alguém estiver num conflito de valores, deve procurá-lo para ser aconselhado. E, ao fazer isso, o funcionário deve ser alvo de uma explícita mostra de gratidão por ter tomado essa atitude.

Um último ponto que precisamos mencionar aqui é que há momentos em que pôr em prática os valores da empresa pode transgredir valores pessoais do funcionário, algo que ocorre com mais frequência do que possa parecer. Temos uma amiga que trabalha numa seguradora para a qual "crescimento lucrativo" é um dos valores essenciais. Até aí, nada de errado, claro. Trata-se de uma empresa pública, e os acionistas exigem que seus investimentos cresçam. Mas, com esse valor, supõe-se que a empresa espere aumentar seus lucros todos os anos, o que significa seguir fielmente os regulamentos quando se trata das indenizações que devem ser aprovadas. Não há espaço para indefinições. Nossa amiga comentou como pode ser pessoalmente difícil para ela negar uma solicitação dessas. Uma opção para os líderes demonstrarem gratidão é ter empatia pelas dificuldades que seu pessoal enfrenta. O segredo é ajudar o funcionário a entender os valores e respeitá-los, mesmo sem concordar completamente com eles, e entender com empatia por que decisões baseadas em valores podem ser complicadas para ele.

Peça para a equipe vincular apreço a valores

Estávamos começando a conduzir um workshop de liderança numa grande firma de gestão de investimentos e ficamos sabendo que a empresa tinha uma ótima maneira de reforçar comportamentos que se alinhavam com seus valores. Enquanto visitávamos as estações de trabalho, ficamos admirados com a quantidade de cartões de agradecimento e de e-mails impressos que ocupavam as divisórias das baias. Em torno de 40 mil mensagens foram enviadas no primeiro ano de implantação do Programa Spotlight, como informou a vice-presidente de comunicação com o cliente.

A liderança da empresa adotou o programa depois de perguntar aos funcionários, numa pesquisa on-line, o que poderia ser feito para melhorar a cultura da organização. As duas respostas mais frequentes apresentadas pelos tipicamente sisudos analistas de crédito, profissionais de *compliance* e gestores de portfólio foram "mais diversão" e "reconhecimento do nosso trabalho". Quem poderia imaginar isso? Prontamente, os líderes enxergaram uma oportunidade de adicionar ao conjunto de medidas mais reforço aos seus valores declarados. Quando apresentaram o programa, a liderança pediu que seus colegas explicassem aos funcionários, em cartões impressos ou notas em painéis eletrônicos, como os outros associados demonstravam o serviço, o trabalho em equipe, a liderança ou a inovação.

A vice-presidente explicou que o programa de fato estava transformando aquele ambiente de trabalho tão sério e formal num lugar muito mais divertido e gratificante. Também estava ajudando muito na tarefa de reforçar os tipos de comportamentos que mais queriam ver em ação, o que tornou o programa popular também entre os executivos. Ela disse que estava funcionando: "Vimos o aumento dos índices de satisfação dos nossos clientes aumentar, e os associados estão bem mais felizes e se sentindo mais valorizados".

O que qualquer líder deve levar em sua bagagem nesse processo é ajudar os funcionários a entender como conectar sua gratidão pessoal aos colegas de equipe ou aos valores da organização, e ajudar os líderes a se comportar da mesma maneira.

Os rituais são oportunidades de viver os valores

Garry Ridge, CEO da WD-40 Company, revelou uma maneira ótima de ajudar sua equipe a conectar um dos valores essenciais da empresa, "Criar lembranças positivas duradouras em todos os nossos relacionamentos" com demonstrações de gratidão. Todo ano, Ridge se reúne com sua extensa equipe de liderança para um retiro em que lembranças são consolidadas. O evento principal é uma reunião à noite, ao ar livre, em que todos se sentam em volta de uma fogueira e anotam num papel algo pelo que são gratos e que aconteceu durante o último ano ou, em alguns casos, algo de que desejam se livrar: um ressentimento, um hábito, um erro etc. Depois, atiram esse papel no fogo.

Muitas vezes, os participantes compartilham sua história de gratidão (embora não haja pressão para fazerem isso). Ridge disse que uma líder, numa reunião recente em volta da fogueira, contou que tinha se sentido bastante vulnerável desde a morte da mãe e sentia muita gratidão pelos colegas: "Precisei da ajuda da minha tribo, e vocês não me deixaram na mão", disse ela enquanto atirava seu papelzinho no fogo. "Sou muito grata a todos vocês. Hoje, me despeço do meu luto e me comprometo a estar tão disponível para vocês como estiveram para mim neste último ano."

Ridge afirma que momentos de gratidão como esse ajudam as pessoas a mudar a maneira como se sentem em relação ao trabalho: não mais um ritual sem sentido, mas um "dever sagrado, compartilhado com outros seres humanos, criando recordações especiais que vinculam as pessoas umas às outras".

Ken Chenault falou de um ritual que praticou enquanto foi CEO da American Express: levar algo para almoçar na companhia de funcionários do mundo todo. Para ele, esses momentos eram uma chance de reforçar os valores essenciais da Blue Box, responder a perguntas e explicar ao pessoal as razões por trás das decisões tomadas no nível corporativo: "Se as pessoas enxergam que critérios cuidadosos estão sendo aplicados, elas entendem como suas decisões e ações são guiadas pelos valores essenciais".

Ao final das reuniões, Chenault pedia rotineiramente um favor aos participantes: "Comentem com mais algumas pessoas da empresa o que vocês acharam desta reunião. O que quiserem. Podem dizer que sou uma besta e que não concordam comigo. Mas é importante que saibam que sou um ser humano e que vocês interagiram comigo; assim, vou me sentir grato por qualquer coisa que digam. Essas histórias se espalham pela empresa, por isso, quando vou a uma assembleia geral ou realizo uma assembleia geral via satélite, as pessoas têm uma ideia de quem eu sou, que é complementada por essas histórias pessoais".

Em outra empresa, o valor era "enxergar o melhor no outro". Assim, na véspera de nossa palestra na reunião anual deles, a equipe havia passado o dia trabalhando em vários postos de serviço da cidade. Soubemos por várias pessoas que uma VP bastante rígida tinha ido servir purê de batatas numa cozinha para os sem-teto e que os membros de sua equipe ainda estavam comentando como era bom ver aquele lado mais afetivo dela. Por sua vez, a executiva tinha ficado tão comovida que agradeceu à equipe pelo excelente trabalho realizado, relacionando isso ao fato de terem enxergado o melhor naqueles a quem tinham servido durante o dia.

Conexão com os valores nas comemorações formais

Gail Miller descreveu a ótima maneira que sua empresa adota para vincular gratidão ao que mais importa. Todo ano ocorre uma apresentação para o sistema todo da missão, da visão e dos valores da organização, na qual os líderes dão destaque público a histórias de colaboradores que puseram esses conceitos em prática. Os funcionários ou as equipes são então publicamente elogiados e recompensados por suas ações.

Miller se lembra de uma moça, mãe solo, que entrou na empresa no setor de serviços financeiros premium: "No começo, ela se sentiu deslocada. A equipe se uniu para ajudá-la, fez com que se sentisse bem-vinda, ensinou o serviço. Hoje, é uma funcionária leal e feliz porque sua equipe atendeu às suas necessidades, e nós lhes agradecemos pela iniciativa. Também agradecemos aos funcionários que se empenham e vão além do esperado para consertar o carro dos clientes, e também agradecemos a quem comanda nossas salas de exibição, sempre se dedicando muito".

O exemplo de Miller é aquele que todo gestor deveria copiar. Imprevistos, reuniões de equipe, avaliações de desempenho e todas as outras oportunidades de estar com os funcionários são uma chance de expressar gratidão àqueles que vivenciam os valores no dia a dia. Os gurus da liderança Jim Kouzes e Barry Posner falam disso lindamente quando sugerem que associar manifestações de gratidão a valores é uma das melhores maneiras de "intensificar a conscientização das expectativas de uma organização e de humanizar os valores a um ponto que a motivação alcance um nível profundo e duradouro".

RESUMO DA PRÁTICA
Reforce os valores essenciais

- Apesar de os valores essenciais provavelmente terem sido comunicados aos funcionários, essas ideias muitas vezes não são postas em prática nos comportamentos no dia a dia. As manifestações de gratidão, quando conectadas a ações alinhadas aos valores essenciais da equipe ou da empresa, representam poderosas oportunidades de comunicar por que esses ideais elevados são tão importantes.
- A força de trabalho atual está tão empenhada em alinhar seus valores aos da organização que 95% dos candidatos a emprego dizem que, para eles, a cultura é mais importante do que a remuneração. Os funcionários querem saber (1) quem você declara que é (sua marca) e (2) se você pratica o que declara (sua cultura).
- Os líderes deveriam classificar os valores em ordem de importância para resolver os conflitos que as pessoas podem enfrentar. Também podem ajudar seu pessoal a entender os conflitos mais comuns causados por valores e apresentar maneiras de lidar com eles.
- Pôr em prática um valor da empresa talvez transgrida um valor pessoal do funcionário. Uma forma de gratidão é o líder demonstrar empatia pela dificuldade que essa situação representa, ajudando a pessoa a entender os valores e respeitá-los, mesmo que não concorde completamente com eles.

16

Pratique entre os colegas

A gratidão do gestor para com um funcionário e entre os colegas satisfaz necessidades humanas distintas. Quando os funcionários são gratos uns aos outros, reafirmam conceitos vitais positivos regularmente apreciados nos colegas – como serem confiáveis, poderem contar com eles, seu talento. A gratidão entre colegas é especialmente poderosa porque vem das pessoas mais respeitadas: os membros da equipe. Isso pode surtir um efeito revigorante também na organização.

Uma parte do sucesso da JetBlue Airlines vem de seu foco no reconhecimento social entre os colegas, de acordo com Shawn Achor, autor de *O jeito Harvard de ser feliz*.[76] Na JetBlue, considerada por J. D. Power por 11 anos seguidos a número um em satisfação do cliente entre as companhias aéreas de baixo custo, os colegas sabem o nome de cada um dos outros membros da tripulação por suas contribuições diárias e também por seu trabalho ou seu esforço além do esperado por meio de um programa chamado Lift. Os êxitos são compartilhados pela empresa inteira em seu boletim interno. Que tal alguns números? Os dados da JetBlue mostram que, para cada 10% de aumento de pessoas relatando que foram alvo de reconhecimento, há um aumento de 3% na retenção de funcionários e de 2% no engajamento.

Além de ser boa para os negócios e para as pessoas, a gratidão entre os integrantes da equipe também garante às pessoas que seus colegas lhes darão apoio quando precisarem. Nossas pesquisas mostram que os funcionários mais envolvidos concordam com esta afirmação: "Meus colegas de equipe dão apoio uns aos outros". Isso reforça o conceito vital da segurança psicológica. Nas melhores equipes, os funcionários se sentem à vontade para falar com franqueza e compartilhar ideias, e sabem que podem pedir ajuda uns aos outros sem serem ridicularizados. Como parte da criação dessa segurança numa equipe, Alan Mulally nos disse que "nunca ninguém deve ser alvo de piada. Nunca, jamais. As pessoas podem até aceitar para não causar atrito, mas nunca é engraçado, e é um veneno num ambiente onde as pessoas trabalham juntas. Se as pessoas acham que podem se tornar vítimas, vão tomar muito cuidado com o que dizem aos outros sobre a realidade de sua situação".

É sobre todo mundo

Há motivos para a gratidão entre colegas estar se tornando popular. Um levantamento da Simply Talent com 1500 funcionários de toda a Europa descobriu que os colegas exercem a maior influência sobre o nível de engajamento dos funcionários[77] – sendo duas vezes mais importante do que os gerentes de linha – e outro estudo comprovou que as empresas em que há reconhecimento por parte dos colegas têm 35% mais chances de relatar níveis menores de rotatividade em seus quadros.

Henry Timms, presidente e CEO do Lincoln Center, tem uma maneira interessante de debater como os líderes podem pensar sobre essa ideia da gratidão dentro da própria equipe: "Acho que uma cultura de gratidão é a história de as pessoas valorizarem umas às outras. Numa versão dessa história, o Líder A é um grande líder: sempre expressa gratidão, sempre diz 'obrigado' ao estagiário. Isso é ótimo, mas o que devemos buscar é a História B, aquela cultura em que a gratidão diz respeito a todo mundo. Não se trata da dinâmica de seguir o líder, mas de uma cultura para a instituição toda. Na instituição perfeita, existiria um contexto de gratidão, presente em todos os níveis".

Pode parecer um ideal ilusório, mas comprovamos na prática o poder do que Timms descreve. Os integrantes das melhores equipes não esperam que seus líderes digam "obrigado": eles mesmos tomam a iniciativa. Na maioria dos casos, isso assume a forma de elogios simples e informais, ou seja, custa pouco ou nada.

Se um líder encoraja ativamente a valorização dos colegas entre si, essa pode se tornar uma prática com a qual os membros da equipe se comprometem e na qual prestam atenção. Adrian teve o prazer de testemunhar um exemplo da equipe da The Culture Works demostrando gratidão uns pelos outros, ainda que ele não devesse estar ali, pois tinha ido trabalhar com um cliente fora da cidade. Como o trabalho terminara mais cedo, ele antecipou seu voo para voltar para casa. Deu um pulo no escritório sem avisar e se deparou com os membros da equipe em pé, numa roda, e o diretor de treinamento, Chris Kendrick, fazendo um elogio a Bri Bateman por uma boa atitude. Alguns dias antes, Chris tinha visitado um cliente numa cidade distante, onde devia fazer uma apresentação, quando percebeu que seus materiais de treinamento não haviam chegado. Bri salvou a situação. Ela encontrou uma agência de entregas expressas perto do aeroporto e correu até lá para levar o material. Na manhã do dia seguinte, Chris estava com o material necessário e conseguiu encantar a plateia como sempre.

Como donos da companhia, o que mais chamou nossa atenção foi o fato de não termos sido convidados, não termos aprovado nada e não sermos necessários. E tudo bem. A gratidão estava acontecendo sem nós e se mostrava alinhada com algo que realmente era importante para a equipe: assumir a responsabilidade para resolver uma questão.

Verificamos que, para que a prática da gratidão entre colegas se consolide numa equipe, é preciso certo esforço por parte dos líderes. Cabe a nós ajudar os funcionários a entender como isso deve acontecer. Alguns gestores nos disseram que tentaram implementar essa prática, mas que seu pessoal acabou agradecendo uns aos outros por coisas bobas como "dividir o almoço" ou "ser muito divertido". Claro que é ótimo que os membros da equipe sejam amistosos, mas não é desses exemplos de gratidão que estamos falando.

Oferecer um modelo adequado é uma forma de assegurar que o pessoal compreenda o que você busca, e comprovamos que os líderes veem um efeito cascata em sua equipe. Aconselhamos a adoção de uma abordagem mais formal e de conversas com a equipe sobre por que é importante vincular a gratidão entre colegas aos valores essenciais e como fazer isso do modo certo.

Socializando o reconhecimento

Recomendamos que o líder faça uso de um sistema ou aplicativo on-line já desenvolvido para facilitar a manifestação de gratidão entre membros da equipe. São os chamados sistemas de reconhecimento social.[78] Um grupo de pesquisadores da Universidade de Washington, do MIT e da Microsoft descobriu que "os sistemas de valorização – uma espécie de sistemas de mensagens e microblogs que medeiam a expressão digital de apreço no ambiente de trabalho – foram amplamente adotados nos últimos anos. Em 2015, 35% das empresas usavam alguma forma de sistema de reconhecimento on-line dos colegas de trabalho, uma abordagem que estava superando as iniciativas de reconhecimento do topo em relação à base".[79]

Esses sistemas podem favorecer a formação de laços para além das equipes diretas, a dissolução de silos e ajudam os funcionários de diferentes locais a se sentir mais conectados entre si. O reconhecimento social também ajuda os funcionários remotos, que costumam se sentir deixados de lado, a se sentir incluídos. Claro que os gestores não devem deixar isso apenas a cargo da equipe, mas também devem participar dele. Quando os líderes se recusam a entrar no processo (ou se costumam usar palavras como *recusa*), deixam de fazer parte da equipe e se tornam o "eles" do cenário "nós *versus* eles".

Os pesquisadores verificaram que as mensagens de agradecimento nos sistemas de reconhecimento social eram mais enviadas a colegas de outras equipes. Os funcionários disseram que queriam que o gestor da outra equipe visse o agradecimento que estavam mandando, "e a maioria dos gestores de fato relata ler as mensagens e mencioná-las aos membros da equipe", segundo consta no relatório. Infelizmente, embora os usuários tivessem altas expectativas a respeito do efeito de suas mensagens nos gestores dos colegas, os pesquisadores encontraram um grande grupo de líderes que ignorava os relatórios de valorização e não os usava para informar suas decisões ou avaliações de desempenho. Que pena. Uma oportunidade perdida.

Verificamos a existência de uma ampla variedade de abordagens ao uso do reconhecimento social. Por exemplo, já citamos o programa da JetBlue, que consegue gravar e rastrear dados para servir na identificação dos melhores profissionais, conhecidos como "influenciadores", que encantam os clientes todos os dias. A empresa tem conseguido passar mais tempo com esses funcionários especiais, além de aprender com eles a manter o entusiasmo de servir seus clientes num mercado geralmente bem competitivo.

Na Bonusly, que tem escritórios no Colorado e em Nova York, além de funcionários remotos no mundo todo, cada um recebe uma verba para descobrir maneiras de celebrar membros de outras equipes ao longo do ano.[80] Quando um colega de fato expressa gratidão por algo valioso feito pelo outro, a equipe inteira é notificada num mural e tem a chance de participar da comemoração. Para garantir que todos estejam a par do ótimo trabalho que está sendo feito, apesar da distância que os separa, existe um mural on-line que exibe todas as demonstrações de gratidão que aconteceram ao longo do dia. Com isso, a empresa tenta encorajar mais manifestações de agradecimento, dando poder a cada um e tornando a gratidão mais visível, mais frequente e mais específica em relação ao que importa mais. (E não, caso você esteja se perguntando, os funcionários não ficam com nenhuma parte da verba que não utilizarem.)

Claro que não é necessário usar um programa elaborado comercialmente. Aqui, no The Culture Works, utilizamos um canal Slack para a gratidão. Ele em geral é usado como ferramenta de colaboração, para compartilhar o trabalho, mas descobrimos que é um recurso excelente para agradecimentos. O canal sinaliza o dia inteiro quando há novas mensagens em que os membros da equipe festejam o sucesso dos cliente dos demais. Avaliações positivas de treinamentos e outros elogios são compartilhados por todos, e isso tem um efeito cumulativo conforme as pessoas celebram em tempo real os parabéns que recebem. Tem sido uma maneira excelente de manter a proximidade entre funcionários remotos e presenciais e fortalecer sua ligação com a equipe. Por exemplo, quando nosso desenvolvedor de web – Bryce – concluiu uma atualização que possibilitou o preenchimento automático de pedidos (em vez do processo manual adotado até então), o canal Slack ficou louco com tantos agradecimentos dos integrantes da equipe que diziam especificamente como isso afetaria suas tarefas e os liberaria para tratar de outras incumbências.

Mais um uso excelente de tecnologia on-line gratuita é a postagem de vídeos com elogios para um colega de destaque – seja no YouTube ou na intranet da empresa. Para parabenizar Michael Andersen-Leavey, vencedor do Pinnacle Award – uma das mais altas honrarias a funcionários da American Express –, seus colegas fizeram uma versão do "carpool karaokê" em que cantam uma paródia de "Nothing's Gonna Stop Us Now", do Starship, e postaram na intranet. Os profissionais de RH do mundo todo, seus colegas, também entraram num carro juntos enquanto cantavam uma letra adaptada da música para comemorar a competência de Andersen-Leavey em implantar novos processos e novas políticas e ajudar os grupos da empresa a lidar com auditorias.

Dave Zielinski, em uma matéria para o SHRM, alerta que, embora o reconhecimento social possa ser um incentivo para o engajamento dos funcionários, algumas práticas devem ser evitadas.[81] Entre elas, o uso de táticas restritivas de recompensa como conceitos de gamificação, em que os funcionários ganham pontos quando reconhecem o valor do trabalho dos colegas. Essa prática pode resultar em pessoas se afobando para enviar mensagens mecânicas de parabéns pelo cumprimento de algum prazo. Ele também lembra que os executivos e gestores de todos os níveis devem apoiar o programa e usá-lo.

Laura Sejen, diretora da Willis Towers Watson, acrescenta que é importante que o reconhecimento social não seja burocrático, que o processo de nomear os colegas seja fácil e que o programa seja bem divulgado em toda a organização. Segundo ela, "às vezes, os funcionários nem estão cientes da existência desses programas, então é importante comunicar essa ideia e colocá-la em destaque".

Não há necessidade de tecnologia

Se você não é apaixonado por ferramentas on-line ou se os seus superiores não vão aprovar a ideia, não tem problema. As boas e velhas ferramentas tangíveis podem resolver também. Como uma grande parte da comunicação hoje em dia é on-line, bilhetes escritos à mão podem se tornar uma das formas mais significativas de manifestar gratidão. Reservar um tempo para usar o "analógico" e escrever com papel e caneta intensifica imensamente o efeito da gratidão. Estimulamos os líderes a oferecer vários tipos de recursos simples para essa finalidade, por exemplo, entregando aos funcionários uma pilha de notas de agradecimento. Nós mesmos fizemos isso, e nossos murais estão cobertos com bilhetes que significaram muito para nossos funcionários.

Outra ideia: na Typeform, uma empresa de software, qualquer um no escritório pode iniciar uma salva de palmas para um colega que tenha feito algo digno de nota, e todos participam.[82] Eles chamam isso de "aplauso espontâneo", e faz parte da cultura da equipe. Nunca se tornou excessivo.

Na varejista Zappos, certa vez conversamos com Rob Siefker, diretor sênior de atendimento ao consumidor, sobre o conceito de fazer os colegas se envolverem em demonstrações de gratidão.[83] Ele nos disse que a equipe fazia o reconhecimento das Coisas Boas e Superlegais, ou CBS, e que os funcionários anotavam coisas "realmente bacanas" que os outros faziam durante o dia para depois postar esses depoimentos na caixa CSB. "Isso tudo é lido em voz alta em nossas *ruddles* [reuniões da Zappos]. Nessa hora a pessoa recebe um reconhecimento público imediato. Entre colegas. Depois, todo mundo estala os dedos", Siefker contou com uma demonstração animada.

Sabemos que muitos líderes podem não querer que seu local de trabalho pareça uma grande festa de universitários. Talvez aplausos e textos em murais sejam um pouco demais para alguns. Tudo bem. Existem muitas outras maneiras de manifestar gratidão de modo significativo entre colegas.

Vimos outra abordagem muito boa: um pequeno objeto divertido, um brinquedinho ou uma lembrança que se torna um troféu de gratidão. Um dos exemplos mais memoráveis de que ouvimos falar foi citado por um gestor de um grupo de tecnologia de uma grande empresa de logística. Esse líder contou que, numa visita à casa dos pais, tinha encontrado o G.I. Joe com que brincava quando menino. Achou que seria divertido levar o boneco para o trabalho e colocá-lo em sua mesa. Afinal de contas, Joe tinha salvado o mundo um milhão de vezes no quintal de sua casa. O que esse soldadinho barbado mestre em kung fu poderia realizar no departamento de TI de uma multinacional?

Assim, Joe ficou ali, impassível, dias a fio, até que de repente sumiu.

O líder disse: "Imaginei que alguém da equipe tivesse achado aquilo esquisito e dado fim a ele". Mas estava enganado. O que aconteceu foi que o pessoal da equipe gostou muito do Joe e pegou o brinquedo emprestado para servir de troféu itinerante. A equipe definiu regras simples para seu uso: para receber o prêmio, a pessoa precisava ter feito algo que ajudasse alguém do grupo. Outra regra era não ficar com o Joe para sempre: o funcionário podia ficar com o Joe por alguns dias e depois passá-lo para outro colega que tivesse demonstrado um valor que aproximasse a equipe dos seus objetivos.

Alguns funcionários mais orgulhosos da conquista chegavam a levar o bonequinho às reuniões, e não havia um visitante que não fizesse algum comentário ao passar pela mesa onde o Joe estivesse naqueles dias. Todos ficavam orgulhosos de exibir o símbolo do reconhecimento dos colegas (nenhum deles escondeu o brinquedo debaixo da mesa). Por outro lado, os integrantes da equipe aprenderam muito sobre aonde estavam indo e o que era preciso para chegarem lá.

Embora um herói de brinquedo talvez não seja o ideal para a sua equipe, com certeza você pode encontrar alguma coisa engraçada que tenha importância para eles. Vimos de tudo: desde velhos troféus de torneio de boliche até frangos de borracha. Procure algo relacionado ao trabalho que você faz.

***

O que está por trás da abordagem da gratidão entre colegas é se divertir um pouco com a equipe. Você tem permissão para deixar o ambiente mais leve. Aliás, essa é uma necessidade real no local de trabalho, com todo o estresse e a pressão. Se você já sentiu vontade de se render ao time dos mal-humorados, por favor, continue resistindo.

Depois de nossas palestras em conferências e de tentarmos convencer os líderes a praticar habilidades psicossociais e injetar mais humanidade no trabalho, ficamos comovidos quando aqueles que acreditam no que propomos conseguem atravessar a massa de pessoas que está saindo do auditório para vir nos cumprimentar, como se fôssemos a alça da última bomba d'água no Saara. Costumam dizer coisas como "Ainda bem que vocês vieram. Esse pessoal realmente precisava ouvir essa mensagem; somos péssimos nisso".

Eis o que os convertidos descobriram: diante da acirrada competição atual pelos melhores talentos, se divertir um pouco mais no trabalho pode ser uma vantagem competitiva, além de ajudar a atrair e reter as pessoas que você precisa ter na empresa e a desencadear processos criativos.

Em suma, as pessoas tendem a ficar, se manter comprometidas e dedicar mais energia na equipe quando um pouco de humor faz parte do cardápio.

RESUMO DA PRÁTICA
Praticando entre colegas

- A gratidão do gestor para o funcionário e a gratidão entre colegas satisfazem necessidades humanas diferentes.
- Quando os funcionários se sentem gratos uns pelos outros, reafirmam conceitos positivos tipicamente valorizados pelos colegas, como a confiabilidade, a responsabilidade e o talento.
- As pesquisas mostram que os funcionários mais engajados concordam com a afirmação "Meus colegas de equipe apoiam uns aos outros". Isso reforça o conceito da segurança psicológica. Nas melhores equipes, os funcionários se sentem livres para falar o que pensam, compartilhar ideias e sabem que podem pedir ajuda aos outros.
- Os sistemas ou aplicativos on-line podem facilitar a gratidão entre colega. Esses sistemas de reconhecimento social entre colegas estão suplantando as iniciativas de reconhecimentos dos escalões inferiores pelos superiores.
- O reconhecimento entre colegas pode ajudar a fortalecer laços para além das equipes imediatas e a romper silos, além de ajudar os funcionários em locais diferentes a se sentir mais conectados entre si.
- Entre as práticas a serem evitadas está o uso de conceitos de gamificação, em que os funcionários ganham pontos ao reconhecer o trabalho dos colegas. Os executivos e gestores de todos os níveis também devem apoiar e usar o programa. O processo de identificar nominalmente os colegas deve ser fácil e não burocrático.

PARTE III
Uma vida de gratidão

17

Levando para casa

Certo dia, quando um de nossos instrutores trabalhava com um grupo de gestores na Carolina do Sul, um participante – que vamos chamar de Mike – disse durante um almoço que queria contar uma história. Ele vinha trabalhando havia alguns anos com Phil, seu chefe atual, e gostava do sujeito. Phil era inteligente, caloroso e sempre tinha tempo para oferecer ajuda a Mike. Ele até demonstrava gratidão regularmente por suas contribuições.

Mike então disse que tinha um irmão que morava perto dele, num belo condomínio fechado. Esse irmão havia mencionado que era vizinho de cerca de um homem conhecido como sr. Rabugento (na realidade, ele tinha usado um apelido menos educado, mas não queremos complicar o nosso livro). Bom, era evidente que o homem era um daqueles vizinhos que ninguém quer. Se por acaso você jogasse o frisbee no quintal dele, nunca mais o receberia de volta. Se, num dia em que tivesse nevado bastante, um galho de árvore se inclinasse sobre a cerca do sr. Rabugento, ele simplesmente o serrava. O irmão de Mike tinha comentado que sentia pena da filha e da esposa daquele sujeito.

Nosso instrutor então perguntou educadamente a Mike o que é que ele queria dizer com aquele depoimento. A expressão no rosto de Mike ficou séria quando respondeu: "Bom, num fim de semana, pouco tempo atrás, meu irmão me convidou para uma festa no clube de campo dele. Ele me mostrou o tal vizinho. Não estou brincando. ERA PHIL, MEU CHEFE!".

Mike então continuou: "Isso realmente me fez duvidar dele. Quero dizer, não é estranho? Lá ele era uma pessoa completamente diferente".

Infelizmente, líderes como Phil não são assim tão raros. No trabalho, dão o melhor de si, mas, às vezes, sobra pouco para as pessoas que mais deveriam importar em sua vida. Phil era "compartimentado": o durão em casa e o boa-praça no trabalho. E, claro, o contrário é visto com bastante frequência: a pessoa grata, educada, respeitosa com os amigos e os entes queridos, e o casca-grossa intolerável no trabalho.

Se praticamos a gratidão com todas as pessoas da nossa vida, vamos descobrir que elas reagem tão bem quanto nossos funcionários. Quando incentivamos nossos familiares, amigos e todos aqueles que encontramos, também estamos dando a nós mesmos momentos de alegria. Uma das maiores ironias dos relacionamentos é a enorme frequência com que não damos o devido reconhecimento às pessoas mais importantes da nossa vida. Com agendas tão ocupadas e tanta pressão enfrentada no trabalho, quando enfim voltamos para casa já não nos resta mais nenhuma energia. As conversas se tornam vazias, ou simplesmente sentamos diante da televisão para relaxar e não ter de pensar em nada.

"E como foi o seu dia?"
"Bom."
"O que gostaria de comer no jantar?"
"Qualquer coisa."

Antes de nos darmos conta, esquecemos de perguntar para a nossa filha como foi o projeto para a escola que tanto a preocupara, ou como foi a reunião importante que deixou nossa esposa tão ansiosa. A refeição especial que precisou de tanto tempo de preparo termina sem o menor elogio, e todo aquele tempo cuidando do gramado ou dobrando as roupas lavadas é tão pouco valorizado quanto boa parte do empenho no trabalho.

Praticar a gratidão é uma maneira muito simples de revigorar nossa vida pessoal e social.

A dra. Annie McKee, da Universidade da Pensilvânia, escreveu sobre uma grande transformação na vida de um cliente de coaching, Miguel.[84] Ele estava fracassando num cargo sênior de liderança, então ela conta que perguntou se ele se importava com as pessoas, ao que Miguel respondeu com franqueza que não: "Realmente, não me importo. Eu me importo com resultados".

Diante da enorme tarefa que tinha pela frente, ela elaborou um plano de desenvolvimento de habilidades para aquele homem tentar entender melhor os componentes de sua equipe, mas depois de vários meses o progresso tinha sido insignificante. Então aconteceu uma coisa. Num sábado, Miguel cancelou a programação com os filhos de novo e foi ao escritório para lidar com um problema. Enquanto estava no trabalho, o mundo desabou em casa. Os filhos estavam cansados de ficar sempre em segundo plano. Naquela noite, a esposa de Miguel sentou para conversar com ele e explicar o que estava fazendo com as crianças e com ela.

Depois de perceber que a situação estava crítica, ele entendeu que precisava mudar e finalmente se prontificou a ouvir. Começou a observar o que estava realmente acontecendo com as pessoas que amava – enxergando-as pela primeira vez em anos – e depois conseguiu expressar sua sincera gratidão pelo papel importante que desempenhavam em sua vida. Miguel começou a cuidar da situação com a família e não demorou nada para a ficha cair ruidosamente: era preciso fazer a mesma coisa no trabalho. Ele começou a enxergar melhor o que estava se passando na vida de seus funcionários e depois foi capaz de levar os membros de sua equipe a se sentir mais valorizados por suas contribuições. O pessoal ganhou ânimo, e ele se tornou muito mais atento e atencioso em casa – além de muito mais feliz.

Uma das fontes mais comuns de insatisfação na vida atualmente é a falta de tempo de qualidade que passamos com quem amamos. Como se e-mails e reuniões infrutíferas não fossem suficientemente ruins no trabalho, em casa agora temos dispositivos que roubam a nossa atenção. As crianças ficam grudadas no YouTube ou trocam fotos via aplicativo com os amigos o tempo todo. Os adultos se comunicam menos diretamente entre si do que em qualquer outra época e, em vez de conversar, mandam mensagens de texto repletas de emojis para dizer que se importam uns com os outros.

Embora não tenhamos a pretensão de achar algum jeito mágico de trazer de volta "os bons e velhos tempos", quando todo mundo se reunia na sala e prestava atenção numa conversa de alta qualidade, o que podemos dizer é que aprendemos algumas práticas ótimas que alguns líderes muito ocupados com seus afazeres diários acabaram adotando para não deixar de manifestar gratidão a seus entes queridos regularmente.

Pare para refletir uma vez por dia

Em nossa atividade de coaching, incentivamos as pessoas a escrever todo dia num diário de gratidão, onde devem anotar todo tipo de coisa que lhes desperte esse sentimento. Ainda que você não tenha tempo para anotações diárias, faça isso quando sentir necessidade, como aconselha Dave Kerpen, proprietário de uma empresa de marketing na cidade de Nova York. "Quando estou de mau humor, me afasto da situação, abro a aba de anotações no meu celular, marco 2 minutos e começo a digitar todas as coisas e pessoas pelas quais sou grato", ele revela. "Dois minutos mais tarde, volto para a equipe, para a minha família, para minha esposa e estou mais bem-humorado, toda vez."

Ameet Mallik, vice-presidente executivo e diretor da US Novartis Oncology, tem um diário de gratidão que envolve a família e é atualizado a cada poucas semanas com anotações sobre coisas pelas quais seus familiares são gratos: "É como descascar uma cebola, porque primeiro vêm as coisas maiores, como as férias que passamos ou os avós que visitamos. Depois começam a vir as pequenas coisas, e é aí que você se dá conta do que eles realmente gostam. Por exemplo, hoje meu filho disse que conseguiu pegar uma boa bola do colega de time e fez um *touchdown*; o outro filho contou que ganhou um *cupcake* da professora de piano por ter feito um bom trabalho e que isso foi incrível. Essa é a melhor parte. Esses pequenos momentos de alegria que você vive a cada dia".

Você pode fazer isso como quiser. Anote suas experiências no celular. Compre uma agenda de capa de couro e a deixe na mesa de cabeceira para novas anotações à noite, antes de dormir. Uma prática maravilhosa que Jim Levine, nosso amigo e agente, compartilhou é começar o dia abrindo o "baú do tesouro" que fica em seu escritório em casa. A caixa contém fotos de seus filhos e netos. Ele escolhe uma ao acaso e anota no diário algo de que tenha se lembrado sobre aquele momento vivido juntos. Mais tarde, quando está se preparando para dormir, ele anota três coisas que pelas quais ficou mais grato naquele dia: "Meu tempo aqui é limitado. Esta é a minha viagem ao planeta Terra. Todo dia tento ser grato pelo que é especial, significativo e traz alegria".

As pesquisas revelam que o poder de fazer um diário da gratidão é extraordinário. Robert Emmons, professor da Universidade da Califórnia, comenta os resultados de diversos estudos com mais de 2 mil pessoas para demonstrar esse valor: "Os benefícios de contar as bênçãos são tangíveis. As pessoas são 25% mais felizes e mais cheias de energia se mantêm um diário da gratidão; têm 20% menos inveja e ressentimentos; dormem 10% a mais todas as noites; e acordam 15% mais revigoradas; elas praticam 33% mais exercícios e têm uma queda de 10% na pressão sanguínea em comparação com pessoas que não mantêm um diário de gratidão".[85]

Como depoimentos pessoais sempre têm um apelo extra para nós, gostaríamos de compartilhar uma história contada pela autora Rebekah Lyons. Há nove anos, ela e a família se mudaram para Manhattan: "Tínhamos três filhos, dois poodles pequenos e uma minivan... minivans não são legais em nenhum lugar, *principalmente* em Nova York", ela comenta em tom de brincadeira. O caçula de Lyons tinha entrado no jardim de infância e, com isso, "eu estava prestes a reavivar minhas paixões e descobrir como seria viver em Nova York". Quatro meses depois, ela teve seu primeiro ataque de pânico. O que tinha começado naquele dia continuou em aviões, trens, elevadores, metrôs e aglomerações durante um ano e meio.

Lyons conta que seu diário de gratidão foi o que a ajudou a superar essa fase. "Sou uma pessoa de fé e tinha lido o versículo 'Não se aflija por nada, mas em tudo, com oração e humildade, agradecendo, leve sua súplica ao conhecimento de Deus'. Então, pensei que o segredo não era só rezar para ter alívio dessa ansiedade, mas fazê-lo com um coração cheio de gratidão. Assim, como sou uma pessoa prática, comecei imediatamente a escrever um diário de gratidão. Enfrentei meu medo com a gratidão".

Depois de mandar os filhos para a escola, ela se forçava a sair de casa e ir a pé até a padaria da esquina ou a aula de ioga na academia, de onde voltava para mais anotações no diário: "Eu escrevia umas 20 coisas pelas quais era grata. As mais singelas: o sorriso dos meus filhos, o modo como dizem tchau, o jeito dos cachorros, sempre querendo ficar bem perto de mim. Minha gratidão nasceu daquela temporada de ansiedade. Percebi que, se queria ter paz todos os dias, então era preciso convidá-la".

As mais de 12 maneiras de um padeiro levar uma vida com gratidão

Embora ter um diário seja fundamental, também existem outras maneiras ótimas que as pessoas encontraram de desenvolver uma profunda gratidão na vida pessoal. Assim como com as demais sugestões que damos neste livro, cabe a você decidir o que vai funcionar e o que não é para você, mas pedimos que dedique um tempinho para analisar cada uma delas.

1. Comprometa-se a concentrar toda a sua atenção nas pessoas que ama

Uma das maneiras mais poderosas de expressar gratidão para os membros da sua família e os amigos mais próximos é mostrar que levamos a sério o tempo que passamos com eles. Vários líderes muito ocupados contam que assumiram esse compromisso. Entre eles está Ken Chenault, ex--CEO da American Express, que disse: "Quando você é um líder, o tempo é precioso. Quando estou com minha família, realmente me esforço para dedicar 100% da minha atenção a eles. Como eu sempre digo isso, eles me cobram quando deixo de prestar atenção".

2. Três coisas para o jantar

Há alguns anos, Dave Kerpen estava frustrado com a conversa típica com os filhos durante o jantar. Você conhece o roteiro. Pai: "Como foi o seu dia?". Filho: "Foi bom". Pai: "O que você fez?". Filho: "Nada". Por isso, Kerpen instituiu uma prática em que cada um menciona três coisas: seu momento favorito do dia, uma pessoa que não está com eles à mesa por quem sentem gratidão, e uma pessoa por quem se sentem gratos que está à mesa, mas ainda não recebeu o devido agradecimento. Kerpen diz que seus filhos "odiaram a ideia no começo, mas agora é uma rotina que cumprimos todos os dias, e eles ficam orgulhosos disso. Fico até um pouco comovido. Meus filhos deixaram de ser cínicos e de detestar a coisa para adotá-la a ponto de incluir os amigos quando um deles vem jantar conosco".

3. Fique feliz em vê-los

Para criar um equilíbrio positivo e consistente entre o trabalho e a vida pessoal, é importante tratar seus entes queridos com a mesma cortesia com que lida com seus colegas no trabalho. Assim, tente cumprimentar seus familiares com um "bom-dia" sorridente. Por meio da nossa linguagem corporal, mostramos às pessoas que estamos felizes em vê-las. Agora, sabemos que eles podem não dar a mínima, especialmente os adolescentes, que vão pensar que você endoidou, mas na realidade essa atitude vai fazer maravilhas pelo astral da casa.

4. Dê um feedback positivo imediato aos seus familiares

Conforme levamos para nosso ambiente doméstico algumas habilidades que aprendemos no trabalho, uma boa ideia é aprender a dar feedback positivo e imediato a quem amamos, ou seja, aprender a agradecer imediatamente por algo específico. Além disso, dedique-se a ser um ouvinte ativo para a família e ser mais diplomático quando desafiado, o que inclui reconhecer imperfeições e até agradecer aos entes querido por suas críticas. Uma parte dessa habilidade consiste em estar presente, fechar o laptop e desligar os fones de ouvido quando estiver com a família e sacrificar parte do tempo dedicado a você mesmo para estar com eles. Isso pode significar aprender a jogar videogame com as crianças e ir assistir a suas competições esportivas e seus eventos na escola. E daí se você chegar um pouco atrasado no trabalho porque passou uma hora na escola do seu filho durante uma apresentação de fim de ano? Dê uma volta no quarteirão com seu parceiro ou parceira, e falem sobre seu próximo projeto especial. Quanto melhor você perceber as coisas incríveis que sua família está fazendo, mais fácil e naturalmente você fará o mesmo no trabalho.

5. Dê um tempo para as pessoas

As crianças vão aprontar. Vão deixar você doente de preocupação. Não vão arrumar a cama. Não vão comer os legumes. Vão atormentar os irmãos. Não vão limpar a gaiola do hamster, apesar de jurarem que vão. Vão se recusar a tomar banho. Ou demorarão demais no banho. Vão pegar dinheiro da sua carteira E MENTIR DIZENDO QUE NÃO! De que adianta ter um ataque de fúria digno de um treinador de basquete? As crianças fazem isso. Você fez. Nós estimulamos os participantes de nossos treinamentos a cavar bem fundo na memória e sentir gratidão por todas as lições que as pessoas da família estão lhes ensinando. E, naturalmente, a deixar claro quanto elas são importantes.

6. Seja mais grato por seu parceiro ou parceira
Será que seu parceiro ou sua parceira ficaria surpreso se ouvisse você conversando com seus funcionários? Será que ficaria chateado ao ver como você presta atenção, demonstra interesse ou mostra gratidão pelos colegas da contabilidade, mas quase nunca faz o mesmo em casa? Nesse sentido, será que seus funcionários iriam pensar que você foi trocado por um clone se o visitassem em casa e flagrassem você elogiando os filhos pelas "pinturas" a dedo que fizeram – essas que parecem os borrões de um Rorschach?

7. Pratique a gratidão aleatória
Pelo menos uma vez por semana, estamos em algum auditório falando com grupos de gestores em alguma parte do mundo, e sabemos que viajantes não são sorridentes. É uma espécie de entendimento tácito: sem sorrisos no avião, no ônibus do transfer, na esteira rolante. E nenhum líquido, exceto uma embalagem plástica de sanduíche que não pode conter um sanduíche de fato. Portanto, nós o desafiamos a viajar sorrindo. Não como Jack Nicholson em *O iluminado*. Um sorriso leve já serve. Depois que tiver tentado, leve esse sorriso para sua próxima ida ao shopping, ao mercado, a um evento esportivo, a um churrasco com os vizinhos. E, se nos permitir, acrescente isto: tente ao máximo se lembrar do nome da pessoa que cumprimentar.

8. Seja grato pelos obstáculos
Quando está dirigindo, lembre que nenhum outro motorista tem algo pessoal contra você. A única coisa com que se importam é consigo mesmos.

Então, seja você o motorista grato. Vá além do seu umbigo e agradeça a quem lhe deu passagem. Sorria e acene (com os cinco dedos). Agradeça até pelo eventual engarrafamento que lhe dá mais tempo para ouvir um audiolivro ou a chance de cantar mais um pouco com sua banda predileta no rádio. Então, quando chegar ao seu destino, seja atencioso com aqueles que o atendem no restaurante, na loja, no banco e assim por diante. Dê um crédito a cada um e seja grato até pelos menores gestos de gentileza, mesmo que faça parte do trabalho deles. Não deixe que pequenos deslizes por incompetência ou que refeições mal preparadas estraguem o seu dia. Você terá mais chances de evitar "ingredientes misteriosos" no seu suflê se mantiver a calma e lidar com tudo tendo sempre como objetivo a gratidão.

9. Ensine seus filhos a doar

A bilionária Gail Miller fez com que todos os membros de sua numerosa família se envolvessem em iniciativas de doação "para construir o caráter e entender como somos gratos por tudo o que temos, compartilhando com os outros". Nesse sentido, ela pede que, a partir dos 12 anos, cada neto (um grupo que ela apelidou de Miller 3.0) encontre uma necessidade que faça sentido para ele: "Eles precisam investigar, ver de que maneira a entidade vai usar o dinheiro e então trazer um relatório para a reunião do conselho da família. Seu pedido pode ser atendido ou recusado". Se for aprovado, aquele neto entrega a verba. "A responsabilidade deles com esse exercício é abençoar os que não têm o que nós temos", ela esclarece. Embora a maioria de nós talvez não tenha os recursos da Larry H. and Gail Miller Family Foundation, continuamos pensando que é uma ideia genial fazer as crianças se envolverem em alguma doação filantrópica de que participamos, o que vai gerar mais corações agradecidos.

10. Servir junto

Mark Cole, presidente da John Maxwell Companies, busca maneiras para ele e a família doarem juntos um dia inteiro de serviços. Ele nos perguntou se sabíamos por quê: "Porque incomoda. Eu preferia estar de férias, ou em casa descansando, ou vendo alguma coisa. Por isso, quando doo serviço, sinto incômodo. Quando acordo de manhã, me pergunto por que concordei em fazer aquilo, mas a sensação é totalmente diferente no final daquele dia de serviço. A sensação é de que fui generoso ao fazer para os outros algo eles podem fazer por si".

11. Sinta o perfume das flores

Rebekah Lyons aprendeu a ser grata pelo fato de seus filhos a desacelerarem: "Acordo meus filhos de manhã, e eles me enchem de sorrisos e ficam tão felizes de comer o sanduíche de geleia com pasta de amendoim e os ovos, daí eu olho para o relógio e penso 'Precisamos ir agora!', mas eles estão saboreando cada minuto daquilo. O que preciso aprender com isso? Que preciso me dar mais tempo. Quero começar o dia com a mesma alegria deles. Não quero sair correndo pela vida afora só para me dar conta de que não parei para sentir o perfume das flores". Ayse Birsel, designer e autora, compartilhou um hábito *carpe diem* que sua família adota. Quando estão passando bons momentos juntos ou curtindo a natureza, alguém da família vai dizer "Este é um bom momento". É uma excelente maneira de ajudar todos a parar e apreciar o que está acontecendo à sua volta.

12. Agradeça os mal-humorados

Certa vez, o pai de Chester foi designado para trabalhar com um grupo de meninos de sua congregação. Era visível que ele adorava isso, mas houve uma mulher que não gostava de sua animação e achou que precisava colocá-lo em seu devido lugar. Assim, ela disse: "Irmão Elton, você acha que todos esses jovens amam você, mas estou aqui para lhe dizer que isso não é verdade". O pai de Chester respondeu com um rápido "obrigado". A mulher ficou sem graça, mas explicou: "Não foi um elogio". E a resposta dele foi: "Tarde demais". Quando decidimos revidar a negatividade com gratidão, não há nada mais que alguém possa dizer.

13. Escreva cartas de agradecimento

Quer você prefira cartas escritas à mão, e-mails ou postagens nas redes sociais, dedique alguns minutos toda semana para enviar palavras de agradecimento a pessoas que tiveram alguma influência para você nos últimos dias. Essas correspondências podem ser endereçadas a quem tiver lhe ajudado mais recentemente, como a professora de um dos filhos, a faxineira, a tia favorita que sempre tem tempo ser de babá ou uma pessoa do passado para quem você ainda não expressou sua completa gratidão: um coach, um professor, um mentor, seu pai ou sua mãe, um amigo. David Ulrich, professor da Universidade de Michigan, conta que foram seus pais que o ensinaram a enxergar o poder dessas cartas de gratidão: "Os dois escreviam bilhetes de agradecimento para quem lhes tivesse sido útil. Uma das desgraças da nossa vida foi comprar uma copiadora para o meu pai, porque ele fez cópias de todos os bilhetes de agradecimento! Minha mãe continua escrevendo seus bilhetes, mesmo aos 90 anos".

***

À medida que cuidamos melhor do relacionamento com nossos entes queridos, passamos a enxergá-los melhor e a valorizá-los. O que faz nossos filhos e nossos cônjuges rirem? O que desperta neles uma paixão? Em que estão trabalhando? Observar as pessoas que amamos e expressar gratidão por elas é um componente crucial dos relacionamentos afetivos e oferece lições que nos ajudam também no trabalho.

Um sábio disse certa vez que "nenhum sucesso pode compensar o fracasso em casa". Essa é a beleza da gratidão: não serve apenas no trabalho, afeta todos os aspectos da vida.

RESUMO DA PRÁTICA
Levando para casa

- Alguns líderes dão o melhor de si no trabalho, mas sobra pouco para aquelas pessoas que deveriam ter mais importância em sua vida. O oposto também é muito comum: líderes se mostram gratos, delicados e respeitosos com os amigos e as pessoas queridas, mas, no trabalho, são ingratos.
- As pesquisas demonstram que o poder de manter um diário da gratidão é extraordinário. Os estudos comprovam que as pessoas são 25% mais felizes se mantêm um diário da gratidão. Também se sentem mais vigorosas, menos invejosas, se exercitam mais e têm pressão sanguínea mais baixa do que as pessoas que não fazem esse tipo de diário.
- Existem algumas maneiras de aumentar nossa gratidão na vida pessoal: comprometer-se a colocar o foco nos entes queridos; ficar empolgado ao vê-los; dar feedback positivo imediato aos membros da família; expressar mais gratidão ao cônjuge; ser grato pelos obstáculos; ensinar os filhos a doar e a servir juntos; e escrever cartas de agradecimento.
- Conforme cultivamos um relacionamento mais grato com nossos entes queridos, começamos a enxergá-los melhor e valorizá-los mais. As lições que aprendermos também nos serão úteis no trabalho.

Conclusão
Um passo gigante para a humanidade

Em 20 de julho de 1969, quando Neil Armstrong deu seu "passo gigante" na superfície da Lua, ele vestia um traje especial chamado "unidade móvel extraveicular" ou EMU, na sigla em inglês.[86] Embora, para quem estivesse na Terra acompanhando o evento, o traje parecesse um tanque branco e volumoso, na realidade era composto somente por algumas camadas de fibras sintéticas, borracha e filme metalizado que separavam o astronauta do vácuo do espaço, da radiação solar e dos minúsculos meteoritos que disparavam pelo vácuo à velocidade de 60 mil km/h.

Registrando pegadas históricas no solo lunar, Armstrong se movimentava livremente. Ele coletou amostras inestimáveis de rochas da Lua e instalou aparelhos para experimentos científicos. Chegou até a sair correndo para fotografar uma cratera que estava a um campo de futebol de distância do módulo lunar.

Armstrong estava muito ciente de que todo o cuidado e esforço que tinham sido dedicados ao projeto de seu traje permitiriam que ele regressasse a salvo para casa. Mais tarde, ele escreveu uma carta de agradecimento à toda a equipe do EMU pelo projeto da "nave" vestível: "Acabou se revelando uma das naves mais amplamente fotografadas da história, sem dúvida por ser fotogênica". Recorrendo ao seu típico humor autodepreciativo, Armstrong ainda escreveu: "Igualmente responsável pelo sucesso do traje foi sua característica de ocultar a visão de seu usuário feio".

O astronauta ainda escreveu que "sua verdadeira beleza, porém, foi ter funcionado".

Armstrong manifestou sua gratidão de uma maneira deliciosa. Se esse sujeito, durão como ninguém, conseguiu fazer isso, sem dúvida você também pode experimentar.

A promessa dessa prática, segundo a professora e autora Brené Brown, é levar uma vida com mais alegria. Segundo ela, "a relação entre alegria e gratidão foi uma das coisas importantes que descobri em minhas pesquisas. Eu não esperava por isso. Em 12 anos de estudos e 11 mil dados, não entrevistei uma única pessoa que tivesse se descrito como *alegre* e não praticasse a gratidão ativamente". Para concluir, ela explica: "Não é a alegria que nos torna gratos, mas a gratidão que nos torna alegres".[87]

Ainda assim, para alguns líderes, aprender a praticar uma habilidade psicossocial como essa pode parecer algo melindroso e sentimentaloide. É uma tentação considerá-la irrelevante para os resultados, sobretudo para quem mais precisa dela. No entanto, como líderes, temos a incumbência de estabelecer conexões humanas, ajudar os funcionários a se sentir valorizados. Oferecer uma pequena injeção de alegria no trabalho pode fazer uma enorme diferença.

Pelo menos foi o que Hubert Joly, presidente executivo da Best Buy, nos disse ao final de uma entrevista. No momento em que seu diretor de comunicação estava prestes a encaminhá-lo para outra reunião, Joly parou e disse: "Se um CEO é rabugento, essa atitude se torna aceitável na empresa toda. Se você tenta ser positivo, educado, sociável e grato, isso se multiplica. Em nosso caso, por 125 mil pessoas".

Assim, chegamos ao fim do livro com este desafio: comece aos poucos, comece hoje. Escolha algumas das práticas nas quais se concentrar de início e veja o que acontece. Temos certeza de que você vai obter resultados extraordinários. Essa é nossa maior esperança para você e para as pessoas aos seus cuidados.

Somos gratos...

Quando perguntamos a nossos entrevistados com quem aprenderam a ser gratos, a maioria disse que foi com os pais. Portanto, seríamos muito ingratos se não demonstrássemos gratidão primeiro aos nossos pais, Joan e Gordon Gostick e Irene e Dalton Elton. Esses dois casais tiveram uma vida magnífica em seus mais de 60 anos juntos e, desde cedo, nos ensinaram o valor do agradecimento dito com educação. Também somos eternamente gratos aos nossos clãs: Jennifer e Tony. E Heidi, Cassi e Braeden; Carter, Luisa, Lucas Chester e Clara Iris; Brinden; e Garrett e Maile. Não existe uma vida de gratidão sem aqueles que amamos.

Oferecemos nosso mais sincero obrigado à nossa família no The Culture Works: Paul Yoachu, nosso gênio do marketing e de estratégia; Lance Garvin, mestre de vendas que nos mantém no azul; Christy Lawrence, nossa agente maravilhosa de palestras; Chris Kendrick, que faz nossos clientes se sentirem as pessoas mais importantes do planeta; Brianna Bateman, que mantém a máquina TCW funcionando, e Bryce Morgan, Asher Gunsay, Garrett Elton, Mark Durham, Jane Durham e os demais membros do time da The

Culture Works que nos ajudam a atender nossos clientes e construir todo dia uma cultura positiva.

Também somos gratos a Emily Loose, que fez a leitura crítica e forneceu insights que nos permitiram parecer muito mais inteligentes do que somos de verdade. Agradecemos ainda a Scott Christopher e Anthony Gostick por sua leitura e seus comentários que tanto contribuíram para o texto final.

Nosso agente, Jim Levine, que se mostrou tão apaixonado por este projeto quanto nós, leva uma vida de gratidão diária. Somos gratos, Jim, por ter acreditado em nós e por ter nos levado a tantas editoras em Nova York na busca pela escolha certa. Que acabou sendo a HarperBusiness, na pessoa da editora Hollis Heimbouch. Ela imediatamente captou a ideia e viu que tinha fôlego. Sua energia, sagacidade e sabedoria foram essenciais para nos orientar na elaboração de um livro do qual nos orgulhamos. Também somos gratos à sua competente assistente, Rebecca Raskin, por cuidar tão bem do processo da produção do nosso manuscrito.

A Mark Fortier, nosso relações-públicas, e a Brian Perrin, do marketing da HarperBusiness, expressamos nosso apreço por terem divulgado nossa mensagem ao mundo.

A todos os que foram citados ao longo do texto, agradecemos por seu brilhantismo e sua generosidade. Somos pessoas melhores porque vocês estão na nossa vida.

Por fim, expressamos nosso sincero agradecimento a nosso amigo Marshall Goldsmith e à sua COO, Sarah McArthur, por sua contribuição e seu apoio. Este livro começou com uma conversa com Marshall, e o tempo todo ele nos ofereceu direcionamento e orientação. É justo dizer que, sem a ajuda de Marshall, este livro não existiria.

Notas

1. Dado extraído de Amie Gordon, "Four Objections to Gratitude in the Workplace", *Greater Good Magazine*, UC Berkeley, 8 nov. 2017.
2. Michael Schneider, "Employees Say This 1 Thing Would Make Them Work Harder (And 6 Reasons Why Managers Won't Do It)", *Inc.*, 28 dez. 2017.
3. As estatísticas de 96% e 94% a respeito de chefes são do artigo acadêmico "Gratitude Survey – Conducted for the John Templeton Foundation", sob a supervisão de Janice Kaplan, jun.-out. 2012. Mais de 2 mil levantamentos on-line foram completados.
4. Mais tarde, Jerry Krause disse que sua fala foi tirada de contexto e afirmou ter dito que "apenas jogadores e treinadores não ganham campeonatos". A informação sobre esse episódio veio de Steve Rosenbloom, "Jerry Krause Deserved Better", *Chicago Tribune*, 21 mar. 2017; e de Jack Silverstein, "The True Story of Jerry Krause and the Breakup of the Bulls", SBNation's *Blog a Bull*, 24 mar. 2017. Disponível em: <https://www.blogabull.com/2017/3/24/15044772/the-true-story--of-jerry-krause-breakup-of-the-bulls-michael-jordan-phil-jackson-scottie-pippen>. Acesso em: 28 ago. 2020.

5. A pesquisa foi realizada para o nosso livro *The Carrot Principle*. Nova York: Simon & Schuster/Free Press, 2009. [Ed. brasileira: *O princípio do reconhecimento*. Rio de Janeiro: Elsevier, 2009.]
6. Esse custo foi citado por Bryan Adams, "This Avoidable Situation Is Costing U.S. Businesses $11 Billion Every Single Year", *Inc.*, 10 dez. 2018.
7. Dado citado por Joe Facciolo, "4 Ways to Create an Impactful Employee Recognition Program", *Rise People*, 3 ago. 2017. Disponível em: <https://risepeople.com/blog/create-an-impactful-employee-recognition-program/>. Acesso em: 28 ago. 2020.
8. Para mais informações sobre a pesquisa da Universidade Estadual Kent, ver "Excellence in Action" no site da instituição e em Emily Vincent, "Writing Power: Kent State University Professor Studies Benefits of Writing Gratitude Letters". Disponível em: <http://einside.kent.edu/Management%20Update%20Archive/news/announcements/success/toepferwriting.html>. Acesso em: 28 ago. 2020.
9. As informações sobre a negatividade foram influenciadas por Peter Diamandis, "Abundance – The Future Is Better Than You Think", *Singularity Hub*, 28 jun. 2012. Disponível em: <https://singularityhub.com/2012/06/28/abundance-the-future-is-better-than-you-think/>. Acesso em: 28 ago. 2020.
10. O trabalho inovador de Robert Emmons serve de base para todos os que escrevem sobre gratidão. A citação está no artigo "How Gratitude Can Help You Through Hard Times", *Greater Good Magazine*, UC Berkeley, 13 maio 2013. Disponível em: <https://greatergood.berkeley.edu/article/item/how_gratitude_can_help_you_through_hard_times>. Acesso em: 28 ago. 2020
11. O elogio a Adam Smith veio de Moya Sarner em "Is Gratitude the Secret of Happiness? I Spent a Month Finding Out", *Guardian*, 23 out. 2018. Disponível em: <https://www.theguardian.com/lifeandstyle/2018/oct/23/is-gratitude-secret-of-happiness-i-spent-month-finding-out>. Acesso em: 28 ago. 2020.

12. A pesquisa da Universidade Estadual da Flórida foi comentada por Sharon Perkins em "Top 5 Reasons Employees Hate Their Managers", na seção "Work-Life" do *The Nest*. Disponível em: <https://woman.thenest.com/top-5-reasons-employees-hate-managers-6607.html>. Acesso em: 28 ago. 2020.
13. Nossas informações sobre o medo vêm de Rachelle Williams, "What Is Fear? And How to Use It as Motivation", Chopra Center. Disponível em: <https://chopra.com/articles/what-is-fear-and-how-to-use-it-as-motivation>. Acesso em: 28 ago. 2020.
14. A citação de Deming é relativamente fácil de encontrar. No nosso caso, estava em "Driving Fear Out of Your Organization", Fearless Leaders Group. Disponível em: <http://fearlessleadersgroup.com/driving-fear-out-of-your-organization>. Acesso em: 28 ago. 2020.
15. A estatística de 81% veio de Michael Schneider, "Employees Say This 1 Thing Would Make Them Work Harder (And 6 Reasons Why Managers Won't Do It)", *Inc.*, 28 dez. 2017. Disponível em: <https://www.inc.com/michael-schneider/employees-say-this-1-thing-would-make-them-work-harder-6-reasons-why-managers-wont-do-it.html>. Acesso em: 28 ago. 2020.
16. Entendemos melhor a resposta de estresse com "Understanding the Stress Response", no site da Harvard Health Publishing, da Faculdade de Medicina de Harvard, 1º maio 2018. Disponível em: <https://www.health.harvard.edu/staying-healthy/understanding-the-stress-response>. Acesso em: 28 ago. 2020.
17. Dividimos o palco com Jake Wood no CHS, em Las Vegas, em 4 de março de 2019, e citamos um trecho de sua fala nessa ocasião.
18. A maior parte das informações sobre Alan Mulally vem de nossas entrevistas com ele, mas a análise também vem de Harry Kraemer, "How Ford CEO Alan Mullaly [sic] Turned a Broken Company into the Industry's Comeback Kid", *Quartz*, 18 jun. 2015. Disponível em: <https://qz.com/431078/how-ford-ceo-alan-mullaly-turned-a-broken-company-into-the-industrys-comeback-kid/>. Acesso em: 28 ago. 2020.

19. O dado segundo o qual 65% dos funcionários dizem que querem mais feedback está em Victor Lipman, "65% of Employees Want More Feedback (So Why Don't They Get It?)", *Forbes*, 8 ago. 2016. Disponível em: <https://www.forbes.com/sites/victorlipman/2016/08/08/65-of-employees-want-more-feedback-so-why-dont-they-get-it/#-4f5a29c4914a>. Acesso em: 28 ago. 2020.
20. Kris Duggan, "It's Time to End the Myth That Millennials Need Constant Praise", *Fortune*, 7 fev. 2017. Disponível em: <https://fortune.com/2017/02/07/leadership-career-advice-millennials-praise-feedback/>. Acesso em: 28 ago. 2020.
21. A citação de Kaytie Zimmerman vem do artigo "What Every Manager Should Know about Recognizing their Millennial Employees", *Forbes*, 22 out. 2017. Disponível em: <https://www.forbes.com/sites/kaytiezimmerman/2017/10/22/what-every-manager-should-know-about-recognizing-their-millennial-employees/#3dce83a82d23>. Acesso em: 28 ago. 2020.
22. Os fatos sobre o narcisismo vêm em parte da matéria de capa de Joel Stein para a revisa *Time*: "Millennials: The Me Me Me Generation", 20 maio 2013. Disponível em: <https://time.com/247/millennials-the-me-me-me-generation/>. Acesso em: 28 ago. 2020.
23. Estamos citando o estudo da Universidade Estadual de Ohio em parceria com a Universidade de Amsterdã que foi tema de artigo de Alice Walton em "Too Much Praise Can Turn Kids into Narcissists, Study Suggests", *Forbes*, 9 mar. 2015. Também citamos o estudo de Eddie Brummelman et al., "Origins of Narcissism in Children", *Proceedings of the National Academy of Sciences of the United States of America* 112, nº 12, 9 mar. 2015.
24. Brené Brown é citada em Michelle Darrisaw, "Brené Brown's Netflix Special, *The Call to Courage*, Will Help You Access More Love, Joy, and Belonging", em *O: The Oprah Magazine*, 18 abr. 2019. Disponível em: <https://www.oprahmag.com/entertainment/tv-movies/a27195228/brene-brown-netflix-call-to-courage-vulnerability-review/>. Acesso em: 28 ago. 2020.

25. Jim Kouzes e Barry Posner. *The Leadership Challenge*, Hoboken: Jossey--Bass, 2017. [Ed. brasileira: *O desafio da liderança*. Rio de Janeiro: Alta Books, 2018.]
26. Francesca Gino e Adam Grant falaram sobre arrecadação de fundos da Wharton para o projeto da gratidão no IdeaCast da *Harvard Business Review*'s, onde o texto foi publicado sob o título "The Big Benefits of a Little Thanks", em 2013.
27. Estamos citando o trabalho de John Gottman muito bem descrito por Kyle Benson em "The Magic Relationship Ratio, According to Science", Projeto Gottman, 4 out. 2017. Disponível em: <https://www.gottman.com/blog/the-magic-relationship-ratio-according-science/>. Acesso em: 28 ago. 2020.
28. Os dados da Deloitte estão em Josh Bersin, "Employee Retention Now a Big Issue: Why the Tide Has Turned", LinkedIn, 16 ago. 2013. Disponível em: <https://www.linkedin.com/pulse/20130816200159-131079--employee-retention-now-a-big-issue-why-the-tide-has-turned>. Acesso em: 28 ago. 2020.
29. Estamos citando Michael Mankins e Richard Steele em "Turning Great Strategy into Great Performance", *Harvard Business Review*, jul.-ago. 2005. Disponível em: <https://hbr.org/2005/07/turning-great-strategy-into-great-performance>. Acesso em: 28 ago. 2020.
30. Phil Jone. *Communicating Strategy*, Aldershot: Gower Publishing, 2008.
31. Aprendemos sobre a história de Patty McCord e a Netflix Culture Deck em seu livro *Powerful*, Silicon Guild, 2018. [Ed. brasileira: *Powerful*. São Paulo: Benvirá, 2020.]
32. Heike Bruch e Sumantra Ghoshal escreveram sobre gestores ocupados em "Beware the Busy Manager", *Harvard Business Review*, fev. 2002. Disponível em: <https://hbr.org/2002/02/beware-the-busy-manager>. Acesso em: 28 ago. 2020.
33. Gary Keller. *The ONE Thing*. Austin: Bard Press, 2013.
34. As informações sobre genes e atividade cerebral foram extraídas de dois artigos sensacionais: Summer Allen, "Why Is Gratitude So Hard for

Some People?", 10 maio 2018; e Adam Hoffman, "What Does a Grateful Brain Look Like?", 16 nov. 2015, ambos publicados em *Greater Good Magazine* na UC Berkeley. O dr. Jinping Liu também é citado no artigo de Summer Allen.

35. A informação sobre a plasticidade do cérebro e os taxistas de Londres foi obtida em Pascale Michelon, "Brain Plasticity and How Learning Changes Your Brain", SharpBrains, 26 fev. 2008. Disponível em: <https://sharpbrains.com/blog/2008/02/26/brain-plasticity-how-learning-changes-your-brain/>. Acesso em: 28 ago. 2020.

36. Vanessa Loder é citada pelo "How to Rewire Your Brain for Happiness", *Forbes*, 18 mar. 2015. Disponível em: <https://www.forbes.com/sites/vanessaloder/2015/03/18/how-to-rewire-your-brain-for-happiness/#6a448b8159ef>. Acesso em: 28 ago. 2020.

37. Romeo Vitelli é citado por seu artigo "Hassles, Uplifts, and Growing Older", *Psychology Today*, 9 jun. 2014. Ele também oferece informações sobre a plasticidade cerebral no artigo "Can You Change Your Personality?", *Psychology Today*, 7 set. 2015.

38. O dr. Romeo Vitelli oferece informações sobre a plasticidade cerebral no artigo "Can You Change Your Personality?," *Psychology Today*, 7 set. 2015.

39. Charles Duhigg. *The Power of Habit*. Nova York: Random House, 2012. [Ed. brasileira: *O poder do hábito*. Rio de Janeiro: Objetiva, 2012.]

40. Katherine Reynolds Lewis é citada pelo artigo "The Secrets to Habit Change", *Fortune*, 16 abr. 2015. Disponível em: <https://fortune.com/2015/04/16/habit-change-behavior/>. Acesso em: 28 ago. 2020.

41. Citamos o trabalho das pesquisadoras Amy Wrzesniewski e Jane Dutton mencionado em Schon Beechler, "Leadership Skills: Helping Others Find Meaning", *Forbes*, 14 jan. 2014. Disponível em: <https://www.forbes.com/sites/insead/2014/01/14/leadership-skills-helping-others-find-meaning/#316f7a6f5099>. Acesso em: 28 ago. 2020.

42. Obtivemos informações sobre o princípio de Pareto em "Understanding the Pareto Principle (The 80/20 Rule)", *Better Explained*. Disponível

em: <https://betterexplained.com/articles/understanding-the-pareto-principle-the-8020-rule/>. Acesso em: 28 ago. 2020.
43. Schon Beechler é citada pelo artigo "The Role of Leaders in Helping Others Find Meaning at Work", no blog INSEAD Leadership and Organisations, 13 dez. 2013. Disponível em: <https://knowledge.insead.edu/blog/insead-blog/the-role-of-leaders-in-helping-others-find-meaning-at-work-3055>. Acesso em: 28 ago. 2020.
44. Bill Fotsch e John Case são citados pelo artigo "How to Build Incentive Plans that Actually Work", *Forbes*, 24 ago. 2015. Disponível em: <https://www.forbes.com/sites/fotschcase/2015/08/24/incentive-plans-that-actually-work/#3515e55b61e6>. Acesso em: 28 ago. 2020.
45. O dado segundo o qual a tecnologia é o setor que registra a mais alta rotatividade vem de Paul Petrone, "See the Industries with the Highest Turnover (And Why It's So High)", LinkedIn, 19 mar. 2018. Disponível em: <https://www.linkedin.com/business/learning/blog/learner-engagement/see-the-industries-with-the-highest-turnover-and-why-it-s-so-hi>. Acesso em: 28 ago. 2020.
46. A pesquisa teuto-suíça é citada em Rebecca Hinds, "Google Made a Big Mistake with This Holiday Gift for Employees. Here's What Should Have Happened", *Inc.*, nov. 2018. Disponível em: <https://www.inc.com/rebecca-hinds/the-best-gift-to-give-your-employees-this-year-its-not-cash-but-its-close.html>. Acesso em: 28 ago. 2020.
47. As informações sobre o Wells Fargo foram citadas em Matthew Wisner, "Wells Fargo CEO on Account Scandal: We Had an Incentive Plan that Drove Inappropriate Behavior", *Fox Business*, 13 set. 2017; e Max de Haldevang, "The Common Bonus Structures that Can Lead to Corporate Corruption Scandals", *Quartz*, 24 out. 2017.
48. David Christopher Bell. "The 14 Most Insane Ways Movie Characters' Lives Changed Overnight", *Film School Rejects*. Disponível em: <https://filmschoolrejects.com/the-14-most-insane-ways-movie-characters-lives-changed-overnight-4216b16ab766/>. Acesso em: 28 ago. 2020.

49. Jim Collins. *Good to Great*. Nova York: HarperBusiness, 2001. [Ed. brasileira: *Empresas feitas para vencer*. Rio de Janeiro: Alta Books, 2018.]
50. Citamos Hutch Carpenter pelo artigo "Avoid These 3 Mistakes When Asking for Employee Ideas", *Hype*, 4 ago. 2014. Disponível em: <https://blog.hypeinnovation.com/avoid-these-3-mistakes-when-asking-for-employee-ideas>. Acesso em: 28 ago. 2020.
51. A história de Quint Studer foi citada originalmente em nosso livro *The Invisible Employee*, Nova Jersey: John Wiley & Sons, 2009.
52. As ideias da Amazon e da British Airways foram tiradas de Leila Durmaz, "These 6 Ideas from Employee Suggestion Programs Boosted Company Performance", 12 abr. 2013. Disponível em: <http://im-blog.ideaglow.com/6-ideas-employee-suggestion-programs-boost-company/>. Acesso em: 28 ago. 2020.
53. Alan Robinson e Dean Schroeder foram citados a respeito da Idemitsu em "Getting the Best Employee Ideas", *Harvard Business Review*, jun. 2004. Disponível em: <https://hbr.org/2008/02/getting-the-best-employee-idea>. Acesso em: 28 ago. 2020.
54. Citamos Indra Nooyi por causa da coluna "The Best Advice I Ever Got", *Fortune*, 30 abr. 2008. Disponível em: <https://archive.fortune.com/galleries/2008/fortune/0804/gallery.bestadvice.fortune/7.html>. Acesso em: 28 ago. 2020.
55. Lynn Carnes foi citada por sua palestra TED "From Raging Bitch to Engaging Coach", 19 out. 2015.
56. A pesquisa de 2017 segundo a qual muitas pessoas não sabem o nome do CEO vem de um estudo e comunicado de imprensa da APPrise Mobile, cujo título é "America's Invisible Bosses: Many U.S. Workers Don't Know their CEO's Name or Face", 26 abr. 2017. Disponível em: <https://apprise-mobile.com/americas-invisible-bosses-many-u-s-workers-dont-know-ceos-name-face/>. Acesso em: 28 ago. 2020.
57. A história de Tom Klein é citada por Catherine Hunter, "Case Study: Walk in Your Shoes", Smart Meetings, 30 dez. 2011. Disponível em: <https://www.smartmeetings.com/magazine_article/case-study-walk-in-your-shoes>. Acesso em: 28 ago. 2020.

58. Os dados da DDI revelando que somente 40% dos líderes são proficientes em termos de empatia vêm de "How Important Is Empathy to Successful Management?", *Forbes*, 24 fev. 2018. Disponível em: <https://www.forbes.com/sites/victorlipman/2018/02/24/how-important-is-empathy-to-successful-management/#762bccaba46d>. Acesso em: 28 ago. 2020.
59. Bryce Hoffman. *American Icon*, Nova York: Crown Business, 2012.
60. Kim Scott fala sobre seu conceito de sinceridade radical em Kim Bainbridge e Lisa Everson, "Radical Candor: Why Brutal Honesty Is Tech's Hottest Management Trend", *NBC News Your Business*, 13 fev. 2018. Disponível em: <https://www.nbcnews.com/business/your-business/radical-candor-why-brutal-honesty-tech-s-hottest-management-trend-n842466>. Acesso em: 28 ago. 2020.
61. Teresa Amabile e Steven Kramer. "The Power of Small Wins", *Harvard Business Review*, maio 2011. Disponível em: <https://hbr.org/2011/05/the-power-of-small-wins>. Acesso em: 28 ago. 2020.
62. A informação SnackNation vem de "12 Unique Examples of Employee Recognition in Action", *Bonusly*. Disponível em: <https://bonus.ly/employee-recognition-guide/employee-recognition-examples>. Acesso em: 28 ago. 2020.
63. Ver "The Changing Role of the Modern Sales Team", SalesForce.com.
64. Drew Gannon, "How to Reward Great Ideas", *Inc.*, 19 jul. 2011. Disponível em: <https://www.inc.com/guides/201107/how-to-reward-employees-great-ideas.html>. Acesso em: 28 ago. 2020.
65. Teresa Amabile e Steven Kramer, op. cit.
66. Tali Sharot. "What Motivates Employees More: Rewards or Punishments?", *Harvard Business Review*, 16 set. 2017. Disponível em: <https://hbr.org/2017/09/what-motivates-employees-more-rewards-or-punishments>. Acesso em: 28 ago. 2020.
67. A citação de Charles Schwab foi encontrada em Goodreads.com.
68. Uma versão anterior desses níveis foi apresentada em *The Carrot Principle*, Simon & Schuster/Free Press, 2009. [Ed. brasileira: *O princípio do reconhecimento*. Rio de Janeiro: Elsevier, 2009.]

69. David Cherrington. *Rearing Responsible Children*, Salt Lake City: Bookcraft, 1985.
70. Ver "12 Unique Examples of Employee Recognition in Action", *Bonusly*. Disponível em: <https://bonus.ly/employee-recognition-guide/employee-recognition-examples>. Acesso em: 28 ago. 2020.
71. O relato da AddVenture está em Rebecca Hasting, "Personalized Recognition is Priceless," SHRM. Disponível em: <https://www.shrm.org/resourcesandtools/hr-topics/employee-relations/pages/personalizedrecognitionis.aspx>. Acesso em: 28 ago. 2020.
72. A história sobre a Netflix's Culture Deck é contada em Patty McCord, *Powerful*, Jackson: Silicon Guild, 2018, e está disponível em: <https://jobs.netflix.com/culture>. Acesso em: 28 ago. 2020. [Ed. brasileira: *Powerful*. São Paulo: Benvirá, 2020.]
73. Essa estatística inacreditável está em Josh Bersin, "Culture: Why It's the Hottest Topic in Business Today", *Forbes*, 13 mar. 2015. Disponível em: <https://www.forbes.com/sites/joshbersin/2015/03/13/culture-why-its-the-hottest-topic-in-business-today/#3bdce4d1627f>. Acesso em: 28 ago. 2020.
74. "Quicken Loans" são citados em Wendell Robinson, "Quicken Loans: Culture Driven", *Training Industry*, verão de 2016. Disponível em: <https://trainingindustry.com/magazine/issue/quicken-loans-culture-driven/>. Acesso em: 28 ago. 2020.
75. Aprendemos como a confiabilidade e a excelência podem entrar em conflito em "How to Resolve a Values Conflict", *Ferguson Values*, 9 dez. 2016. Disponível em: <https://www.fergusonvalues.com/2016/12/how-to-resolve-a-values-conflict/>. Acesso em: 28 ago. 2020.
76. Shawn Achor. "The Benefits of Peer-to-Peer Praise at Work", *Harvard Business Review*, 19 fev. 2016. Disponível em: <https://hbr.org/2016/02/the-benefits-of-peer-to-peer-praise-at-work>. Acesso em: 28 ago. 2020.
77. A pesquisa "Simply Talent" é citada em "Peer-to-Peer Recognition", Workplace Happiness, 21 ago. 2017. Disponível em: <https://workplace-happiness.com/2017/08/21/peer-to-peer-recognition/>. Acesso em: 28 ago. 2020.

78. A pesquisa sobre reconhecimento social veio do ensaio "Networks of Gratitude: Structures of Thanks and User Expectations in Workplace Appreciation Systems", de Emma Spiro, Nathan Matias e Andrés Monroy-Hernández, apresentado na 10ª Conferência Internacional AAAI sobre Web e Mídia Social, 17-20 maio 2016.
79. Ibid.
80. Ver "12 Unique Examples of Employee Recognition in Action", Bonusly. Disponível em: <https://bonus.ly/employee-recognition-guide/employee-recognition-examples>. Acesso em: 28 ago. 2020.
81. As armadilhas a serem evitadas entre colegas estão em Zielinski, "Why Social Recognition Matters", SHRM, 20 fev. 2015. Disponível em: <https://www.shrm.org/resourcesandtools/hr-topics/technology/pages/why-social-recognition-matters.aspx>. Acesso em: 28 ago. 2020.
82. Ver "12 Unique Examples of Employee Recognition in Action", Bonusly. Disponível em: <https://bonusly/employee-recognition-guide/employee-recognition-examples>. Acesso em: 28 ago. 2020.
83. Originalmente citamos a história da Zappos no livro *The Orange Revolution*. Nova York: Simon & Schuster/Free Press, 2010.
84. Annie McKee. "If You Can't Empathize with Your Employees, You'd Better Learn To", *Harvard Business Review*, 16 nov. 2016.
85. Robert Emmons é citado por Jessica Ravitz, "The Power of Gratitude, Year-Round Gift", CNN, 26 nov. 2009. Disponível em: <http://www.cnn.com/2009/LIVING/11/25/giving.gratitude/index.html>. Acesso em: 28 ago. 2020.
86. Andrew Chaikin, "Neil Armstrong's Spacesuit Was Made by a Bra Manufacturer", *Smithsonian Magazine*, nov. 2013. Disponível em: <https://www.smithsonianmag.com/history/neil-armstrongs-spacesuit-was-made-by-a-bra-manufacturer-3652414/>.
87. Ver "Brené Brown on Joy and Gratitude", *Global Leadership Network*, 21 nov. 2018. Disponível em: <https://globalleadership.org/articles/leading-yourself/brene-brown-on-joy-and-gratitude/>. Acesso em: 28 ago. 2020.